Albert
Schweitzer

Leven dat leven wil

SPES-Cahier
Heldere Bronnen

Luk Bouckaert (Red.)
2016

ALBERT SCHWEITZER
LEVEN DAT LEVEN WIL

Luk Bouckaert (Red.)

*

Een uitgave van
SPES-Forum / Yunus Publishing
Leuven / Gent
2016

www.spes-forum.be
www.yunuspublishing.net

*

Omslagbeeld
Albert Schweitzer
Nationaal Archief van Nederland, Den Haag,
Fotocollectie Algemeen Nederlands Persbureau (ANEFO), 1945-1989
Bestanddeelnummer 918-1291
(creative commons licentie)

Coverlayout
Annemie Lehmahieu

*

ISBN 978-90-814-9969-9
D/2016/12.808/1
NUR: 728

*

Ω.

Inhoud

Inleiding

Luk Bouckaert

Wie voor het eerst met Schweitzer in contact komt, wordt getroffen door de vele levens die hij geleefd heeft: arts, musicus, orgelspecialist, theoloog, predikant, vredes- en milieuactivist, cultuurfilosoof, ethicus, zelfs kinderauteur. Meer nog: op elk van die domeinen deed hij baanbrekend werk. Het kan voor ons gewone stervelingen soms wat teveel van het goede zijn. Schweitzer krijgt dan de allures van een 'übermenschlich' wezen, een monument, een mythe, een ver van mijn bed verhaal. Pas wanneer we doordringen tot de mens Schweitzer en wat hem eigenlijk bezielt, kan hij een *soulmate* worden. En dat is precies de bedoeling van dit boekje: van Schweitzer een geestelijke tochtgenoot maken.

De teksten zijn de vrucht van een succesvol colloquium dat te Leuven op 11 december 2015 georganiseerd werd door het SPES Forum vzw in samenwerking met de Universitaire Parochie (KU Leuven). De studiedag kaderde in het bredere project 'Heldere Bronnen' dat originele spirituele figuren uit het verre en nabije verleden onder de aandacht brengt. Zo werd in 2013 een studiedag gewijd aan de Perzische Soefi dichter en mysticus Jalal ad-Din

3

Rumi, in 2014 was Etty Hillesum aan de beurt, in 2015 Albert Schweitzer die vijftig jaar geleden overleed in zijn hospitaal in Lambarene. In 2016 willen we ons inspireren aan Mahatma Gandhi die ook voor Schweitzer een zielsgenoot was. Zijn 'eerbied voor het leven' spoort helemaal met Gandhi's *ahimsa* principe van de geweldloosheid.

De publicatie valt uiteen in twee delen. Het eerste deel verkent het leven, het werk en de persoon van Albert Schweitzer: zijn engagement als dokter in Lambarene, zijn Jezusvisie, zijn passie voor muziek en zijn radicale cultuurkritiek. In het tweede deel komen dan getuigenissen aan bod van mensen die in hun eigen werk en leven geïnspireerd zijn door de creativiteit van Schweitzer. Dank zij deze getuigenissen blijft hij niet alleen een 'fenomeen' maar een actuele bron van inspiratie.

Schweitzer:
doener, denker en musicus

Lambarene.

Het leven van een arts

Paul Broos

Albert Schweitzer, theoloog, filosoof, Bachkenner... was ongetwijfeld een genie! Misschien had hij wel uitzicht op een schitterende carrière als academicus toen hij, in navolging van de Jezus figuur, besloot zich in te zetten voor de meest behoeftigen in Afrika. Hij bouwde voor hen een ziekenhuis dat een voorbeeld werd voor de geneeskunde in de tropen. Ook nu nog, anno 2016, is het Lambarene hospitaal een begrip gebleven in de gezondheidszorg van Gabon.

De jonge Schweitzer

Albert Schweitzer werd op 14 januari 1874 geboren in de Weinstrasse te Kaysersberg in de Boven – Elzas. Het verhaal gaat dat vader Louis Schweitzer (1846-1925) zo blij was met de geboorte van zijn tweede kind dat hij een grote sprong over het bedje van de pasgeborene maakte. Men zou zo iets niet verwachten van een hulppredikant maar het typeert wel de buitengewone vreugde waarmee hij zijn zoon begroette. Moeder Schweitzer,

Adèle Schillings (1842-1916), was de dochter van een protestantse dominee. De Elzas was na de Pruisische overwinning in 1871 een Duitse provincie, de Schweitzers waren dus Duitsers. Waarschijnlijk waren hun voorouders in de zeventiende eeuw tijdens de Dertigjarige Oorlog vanuit Zwitserland geëmigreerd. Wanneer Albert 6 maanden oud is verhuist het gezin naar Gunsbach in het Munsterdal waar vader Schweitzer tot predikant benoemd was. Hier beleeft de wat teruggetrokken Albert gelukkige jeugdjaren. Als knaap speelt hij reeds op het orgel van de kerk. De karaktertrekken die later zijn leven mee zullen bepalen zoals gevoel voor gelijkheid en respect voor het leven, komen al vroeg tot uiting. Zijn ouders zijn wel niet rijk maar kennen in tegenstelling tot heel wat gezinnen in Gunsbach geen armoede. Wanneer Albert vaststelt dat de meeste van zijn schoolmakkers geen schoenen maar klompen dragen en niet elke dag soep kunnen eten wil hij evenmin nog schoenen dragen of soep eten. Als hij negen jaar is vraagt een vriendje hem met een proppenschieter op een vogel te mikken maar dan hoort hij plots het klokje van de kerktoren van Gunsbach en is hij zich bewust dat alle leven, ook dat van dieren, moet gerespecteerd worden. Dat respect voor het leven zal zijn handelen blijven bepalen.

Om de kosten van middelbare studies wat te verminderen gaat Albert in 1885 inwonen bij zijn grootoom Louis, schoolhoofd te Mühlhausen. Zijn pleegouders verplichten hem veel en dikwijls piano te spelen en hij krijgt ook muzieklessen van Eugen Münch die al snel onder de indruk is van de virtuositeit van zijn leerling. Het duurt niet lang of ze spelen samen in de kerk.

In 1893 legt Albert zijn eindexamen af en gaat verder studeren. Hij twijfelt tussen godgeleerdheid en muziek! Uiteindelijk zal het beide worden. In 1898 behaalt hij te Straatsburg een diploma in de theologie en wordt dominee in de Sint Lucaskerk. Een jaar later doctoreert hij in de filosofie en reeds op 15 juli 1900 verdedigt hij ook zijn doctoraat in de theologie en zo wordt hij in 1902 docent godsdienstwetenschappen. Vanaf 1903 gaat Schweitzer ook regelmatig naar Parijs om er lessen te volgen bij Charles Marie Widor (1844-1937), de grote componist-organist, die zijn intieme vriend zou worden. Zo spelen ze samen op het mooie orgel van de Saint Sulpice kerk. Daar ontstaat zijn liefde voor oude orgels.

Arts worden
om de lasten van anderen te verlichten

Maar Albert Schweitzer voelt zich gekweld. Als docent en musicus is hij nu wel geacht en gewaardeerd maar hij realiseert zich dat, indien hij in het spoor van de door hem zo vereerde Jezus, de wereld zou willen verbeteren en het lijden verzachten, hij zijn leven moet veranderen. Daarom wil hij arts worden. Hij schrijft: *Medische kennis maakte het mogelijk om mijn intenties uit te voeren op de beste en meest complete manier, waarheen het pad van de dienstbaarheid me ook zou leiden. (Schweitzer, 1960)*

Op een dag in 1904 leest hij een artikel van Dr. Alfred Boegner, voorzitter van de Parijse Protestantse Missiegemeenschap, over "De noden van de missie in Kongo". In die tijd behoorde Opper Kongo als Frans Equatoriaal Afrika bij het Franse imperium, thans is het een deel van de republiek Gabon. Boegner schrijft over de afschuwelijke ziekten en de dringende nood aan dokters. Albert Schweitzer besluit zendingsarts te worden! Op eenendertigjarige leeftijd schrijft hij zich in om vanaf oktober 1905 de zeven jaar durende medische studies te beginnen (Feschotte Jacques, 1952).

Hélène Breslau, dochter van Louise Breslau-Hoff en van Ernst Breslau, een joodse professor geschiedenis met wie hij reeds jaren bevriend was, deelt zijn bereidheid om anderen te helpen. Zij geeft haar job als maatschappelijk werkster op om verpleegster te worden. Albert en Hélène huwen op 18 juni 1912 nadat hij zijn dokterstitel behaald had en zich te Parijs in de tropische geneeskunde had gespecialiseerd. Ze schrijven naar dokter Boegner en bieden hun diensten aan om naar Afrika te vertrekken maar tot hun verbazing wijst de missiegemeenschap hen af omdat Alberts' ideeën over Jezus en de religie niet orthodox genoeg zouden zijn. Het paar besluit dan maar om zelf geld in te zamelen. Ze willen een hospitaal oprichten en financieren. Wanneer ze over voldoende middelen beschikken neemt Schweitzer opnieuw contact op met de Missiegemeenschap. Hij stelt voor om volledig op eigen kosten te werken in de missiepost *Andende* bij Lambarene aan de Ogowe rivier. Maar opnieuw wordt hij omwille van zijn ideeën niet vertrouwd. Hij mag enkel vertrekken als hij belooft zelf niet te preken voor de inwoners van Kongo (Bentley James, 1989).

Eerste verblijf in Lambarene

Op 23 maart, een Goede Vrijdag, vertrekt het paar vanuit Gunsbach. Het valt Albert zwaar om afscheid te nemen van zijn moeder die hij ten andere nooit meer zal terugzien. Ook komt zijn gemoed vol wanneer hij vanuit de trein het torentje van zijn vaders' kerkje ziet verdwijnen. Aangekomen in Parijs speelt hij op paaszondag, 25 maart nog een laatste maal met Widor in Saint Sulpice. Vanuit de hoofdstad gaat het dan naar Bordeaux en Pauillac en op 27 maart vertrekken ze met zo'n zeventig koffers medicijnen en materiaal richting Afrika. In de golf van Biskaje steekt evenwel een felle storm op en het schip wordt zo door elkaar geschud dat een aantal opvarenden verwondingen oplopen en door Schweitzer moeten verzorgd worden.

Te Port Gentil, het vroegere Kaap Lopez zetten ze op 14 april 1913 voor het eerst voet op Afrikaanse bodem. Er wacht hen nog een tocht van 200 km met de rivierboot de *Alembe* op de Ogowe stroom alvorens Lambarene te bereiken. De Ogowe is een grillige waterloop, soms smal en moeilijk bevaarbaar en dan weer honderden meters breed, rijk bevolkt door krokodillen en nijlpaarden. Albert en Hélène bereiken Lambarene op 19 april. Het dorp is gelegen op een gelijknamig eilandje in de Ogowe, bewoond door de Galoa's die er eertijds op de vlucht voor oorlogszuchtige stammen uit het binnenland zijn terecht gekomen. Zij noemden het gebied *Lambareni* wat betekent: *laat het ons proberen.* De Fransen spraken later van Lambarene.

De nederzetting van de Parijse Missiegemeenschap bevond zich iets verder op de rivier in het plaatsje Andende. In totaal was het eilandje bewoond door een vierhonderdtal inboorlingen en een twintigtal blanken. De Schweitzers worden hartelijk ontvangen maar kunnen slecht over één enkel woonhuis beschikken. Albert had zich voorgenomen de eerste drie weken, zolang al zijn materiaal nog niet zou zijn aangekomen, geen zieken te ontvangen maar de dag na hun aankomst is hij al verplicht heel wat patiënten te verzorgen: beklemde breuken, grote zweren, lijders aan dysenterie etc..... Een oud kippenhok wordt dan maar in der haast grondig gereinigd en ingericht als operatiekamer. Onmiddellijk zijn er ook taal problemen. Een inlandse onderwijzer die als tolk beloofd was is niet komen opdagen. Gelukkig kan Schweitzer beroep doen op Jozef Azoawami. Jozef was kok van opleiding en sprak buiten enkele lokale dialecten ook behoorlijk Frans en Engels. Alhoewel hij niet vlot kon lezen zou hij er door zijn goed visueel geheugen snel in slagen de verschillende medicijnflesjes van elkaar te onderscheiden. Met enkele onderbrekingen zou hij zo'n 50 jaar voor Schweitzer een trouwe medewerker zijn die, in tegenstelling tot zijn rasgenoten, geen afkeer had van etter en bloed en snel bereid was om een paar handschoenen aan te trekken en te helpen bij de operaties. Jozef bleef evenwel de terminologie van de koksmaat gebruiken: een been van een mens was voor hem een schapenbout. Ook schrok hij er niet voor terug Schweitzer de raad te geven zwaar zieke patiënten niet te behandelen. Hun dood zou immers de reputatie van de dokter schaden.

Schweitzers huis wordt weldra overstelpt door zieken die vergezeld zijn van familie en kinderen. Hij realiseert zich dat er snel een hospitaal moet komen. Wanneer op 27 april de rest van zijn materiaal met rivierboten en kano's wordt aangevoerd tekent hijzelf hiervoor reeds een eerste schets. In juni 1913 starten de werken maar de Schweitzers worden onmiddellijk met heel wat moeilijkheden geconfronteerd: veel grond moet worden afgegraven, massa's varenbladeren zijn nodig als dakbedekking en er is vooral een schrijnend tekort aan gemotiveerde werkkrachten. De eerste indruk van Schweitzer over de inlanders is dan ook alles behalve lovend:

> Een gestadig werker wordt het natuurkind slechts naarmate men hem zijn vrijheid ontneemt... Moet ik kleurlingen als gelijken beschouwen?... De neger is een kind. Zonder gezag is met een kind niets te beginnen Ik moet derhalve mijn natuurlijk gezag tot uiting brengen... We hoeven ons niet te verbeelden dat het natuurkind achting voor ons heeft...Wat voor een geestelijke prestatie een overwinning betekent kan de neger niet bevatten...Indien de blanke met wie hij omgaat een zedelijke persoonlijkheid is, dan is een zedelijke overwinning mogelijk... Werkelijk gezag heeft de blanke pas als de inboorling hem respecteert. Het natuurkind oordeelt slechts met een elementaire maatstaf, de meest elementaire: de morele maatstaf (uit: Daeter Ben, 2002)

Schweitzer begrijpt al snel dat het niet aan te raden was de zwarten nabij hun eigen dorp te laten werken; dat werkte 'absenteïsme' alleen maar in de hand. Het loon onmiddellijk volledig uitbetalen is evenmin een goed idee. Alles werd dan binnen de kortste tijd verbrast aan alcohol en tabak en de arbeider daagde een tijdje niet meer op. Anderzijds heeft Schweitzer toch ook bewondering voor de inzet van de zwarte mensen. Zo is hij diep ontroerd wanneer enkele mannen meer dan 36 uur onafgebroken hebben geroeid om een zwaar zieke patiënt tijdig tot bij hem te brengen.

In november 1913 is het eerste deel van het ziekenhuis klaar. Het is gebouwd van oost naar west in de richting van de evenaar zonder ramen maar met grote muskietnetten en een overhangend dak om de zon en de insecten zoveel mogelijk buiten te houden. De bedden zijn gemaakt voor twee à drie personen. Zo zullen de familieleden minder geneigd zijn de zieke uit het bed te zetten en er zelf in te kruipen. Onder het bed is ruimte voor het opstapelen van voedsel en gebruiksvoorwerpen. Er zijn afzonderlijke ruimten voor consultaties, voor operaties, voor de apotheek en sterilisatiekamer. Het hospitaal heeft geen echte ziekenzalen maar wel 75 bungalows voor in totaal bijna 1000 patiënten. Onder het golfplaten dak zorgt een houten plafond voor koelte. De vloer bestaat uit gestampte aarde. Het geheel doet denken aan een Afrikaans dorp. Niet alleen patiënten, kinderen en familieleden lopen er rond maar ook heel wat huisdieren, vooral geiten die in feite alles besmeuren maar terecht meent Schweitzer dat het ziekenhuis een plaats moet zijn waar de mensen waarvoor het gebouwd is, de Afrikanen, zich thuis kunnen voelen.

In december wordt, op de andere oever van de Ogowe nog een gebouw neergepoot bestemd voor lijders aan de slaapziekte. Voor Schweitzer is het gebrek aan discipline van zijn patiënten een doorn in het oog: medicijnflessen worden niet teruggebracht waardoor er zelfs een tekort dreigt, sommige zieken drinken hun medicatie voor een ganse week in één teug op, anderen smullen aan hun zalven of bepoederen zich met hetgeen ze moesten innemen. Er zijn er die de dag na een zware operatie reeds gaan baden in de smerige Ogowe rivier en met vuile handen prutsen aan hun wonden. Wanneer de ene meer medicijnen krijgt dan de andere ontstaat er wrevel. Om dit te voorkomen voorziet Schweitzer voor de enen een grote fles gekleurd water en voor de anderen een drankje op basis van bittere kinine. Hij moet erover blijven waken dat familieleden de zieke niet uit het bed gooien om er zelf in te kruipen etc. Uiteindelijk wordt besloten om elke dag om 9 uur de regels van het huis in twee talen, het Galoa's en het Pahuins, door Jozef te laten afkondigen (Daeter Ben, 2002):

1. Niet spuwen voor het huis van de dokter

2. Niet luid roepen

3. Steeds voedsel voor minstens één dag meebrengen

4. Weten dat wie zonder toelating overnacht, zal worden weggestuurd

5. Lege flessen terug brengen

6. De dokter halverwege de maand, wanneer de rivierboot aankomt, niet lastig vallen

Om de zorgverlening enigszins naar waarde te laten schatten vraagt Schweitzer een kleine bijdrage aan de zieke of zijn familie: een kip, wat bananen, een dienstverlening. Stilaan wint hij het vertrouwen van de lokale bevolking. Men doet minder beroep op een lokale tovenaar om boze geesten uit te drijven. Schweitzer is immers de *Oganga*, de blanke fetisjman, die mensen doet inslapen en hen nadien terug uit de doden laat opstaan! Zo zal Schweitzer ondanks alle moeilijkheden later bij herhaling bevestigen dat hij de eerste periode die hij samen met Hélène in Lambarene doorbracht als de gelukkigste uit zijn leven beschouwt. Toch kreeg ook hij heimwee en vatte hij het plan op om in de lente 1915 naar Europa terug te keren maar de oorlog zou er anders over beslissen!

Geconfronteerd met tropische ziekten
Van in den beginne werd Schweitzer geconfronteerd met de medische problemen van de tropen geneeskunde maar hij had wel het geluk over een voor zijn tijd behoorlijk farmaceutisch arsenaal te kunnen beschikken. Heel wat firma's zullen immers hun producten gul ter beschikking stellen opdat Schweitzer ze grootschalig zou uittesten. Veel van de tropische ziekten waren ook rechtstreeks of onrechtstreeks te wijten aan de relatieve ondervoeding waaraan de zwarte bevolking leed. Hun voedsel bestond hoofdzakelijk uit maniok en zoete aardappelen. Zelfs

bananen moesten worden ingevoerd! Schurft vormde een echte plaag. Wanneer de vrouwelijke schurftmijten hun eitjes leggen onder de huid ontstaat een onstilbare jeuk. Door het onvermijdelijk krabben treedt bijkomende beschadiging en infectie op. De ziekte is ook vrij besmettelijk. Schweitzer raadde de patiënten aan veel te baden en zich in te strijken met een mengsel dat hijzelf bereid had: zwavelbloem, ruwe palmolie, olierestjes uit sardineblikjes, zachte zeep... Wanneer de Anofeles mug een lijder aan malaria prikt en bloed opzuigt komt de parasiet in haar maag. Wanneer ze dan iemand anders steekt wordt ook deze besmet. De ziekte gaat gepaard met periodes van hoge koorts, vermoeidheid, rug- en hoofdpijn. Schweitzer kon dit enkel symptomatisch met kinine behandelen.

Slaapziekte was in dat deel van Afrika misschien wel de ergste plaag. De ziekte wordt overgedragen door de steek van de Tse Tse vlieg die hierbij de parasiet inspuit. De aandoening gaat gepaard met koorts en hevige hoofdpijn. De zieke wordt stilaan apathisch en lethargisch, kan niet meer eten en geraakt uitgeput. Uiteindelijk sterft hij aan hersenvliesontsteking. Schweitzer had geen echte behandeling.

Lepra of melaatsheid kwam in Gabon relatief minder frequent voor. In een vroeg stadium, alvorens er echte mutilerende letsels optreden, kon Schweitzer met Chaulmogra olie reeds behoorlijke resultaten bekomen. Framboesia is een huidziekte verwant aan syfilis. Het ganse lichaam is met letsels bedekt die aan frambozen doen denken. Krabben zorgt voor verdere besmetting en verergering. Schweitzer beschikte over een werkzaam medicijn: Neosalvarsan.

Ook hartproblemen kwamen voor. Buiten digitalis schreef Schweitzer natuurlijk rust voor wat door de zwarte bevolking uiteraard gretig aanvaard werd. Nicotinevergiftiging met obstipatieverschijnselen en neurologisch symptomen was een ander groot probleem. Dikwijls lieten de inlanders zich voor dienstverlening zoals roeien uitbetalen in tabaksbladeren. Voor een dubbel rantsoen waren ze steeds bereid extra te presteren. Slangenbeten waren evenmin een zeldzaamheid en ook mieren vormden voor de mensen een bedreiging wanneer zij tijdens het regenseizoen in opmars waren. Schweitzer bestreed ze met water waarin lugol was opgelost.

Zowat de hele bevolking leed aan darmwormen die in extreme gevallen obstructie veroorzaken. Inlanders zagen die parasieten natuurlijk in hun uitwerpselen en beschouwden hen als de oorzaak van allerlei ziekten. De filaria worm veroorzaakt dan weer opstopping van de lymfevaten die lichaamsdelen zoals de borstklier, het scrotum en de onderste ledematen monstrueus doen opzwellen. De aandoening wordt elefantiasis genoemd. Schweitzer spoot hiervoor lugol in en sneed overtollig weefsel weg.

De zandvlo of tungiasis nestelt zich tussen de tenen en onder de nagels en veroorzaakt letsels die binnen de kortste tijd infecteren en al maar groter worden . Zo ontstaan er de fagademische voetzweren, zo genoemd omdat ze zo snel uitbreiden. De ulcera verspreiden een dergelijke stank dat behandeling enkel kan gebeuren in de buitenlucht. Men zag de zweren vooral bij verzwakte personen en bij hongersnood. Ook amoeben dysenterie was dikwijls geassocieerd met ondervoeding en zorgde regelmatig voor epidemieën met hoge besmettingsgraad en mortaliteit. Schweitzer had hiertegen geen causale behandeling.

Regelmatig moest Schweitzer heelkundig ingrijpen voor beklemde breuken. Hij zou hierbij 100% overleving hebben wat ik persoonlijk als chirurg, rekening houdend met de omstandigheden en de opleiding die Schweitzer genoten had zeer betwijfel maar misschien volgde hij hier de raadgeving van Jozef: hopeloze gevallen moet je niet meer behandelen.

De Schweitzers en de Eerste Wereldoorlog

Schweitzer wilde in april 2015 naar Europa terugkeren maar...
op 4 augustus 1914 breekt de Eerste Wereldoorlog uit. Als Duitse
onderdanen verblijvend in een Franse kolonie, worden de
Schweitzers onmiddellijk krijgsgevangen genomen. Reeds op 5
augustus arriveert een rivierboot met soldaten. Schweitzer wordt
niet opgesloten maar krijgt wel huisarrest en mag met niemand
anders nog contact hebben. Het hospitaal gaat bijgevolg dicht. De
zwarte bevolking begrijpt hier natuurlijk niets van. Doch naarmate
de weken verlopen worden de Fransen zich ook bewust van het
belang van het ziekenhuis voor de regio. Vanaf november mag
Schweitzer opnieuw zieken verzorgen zij het wel een beperkt
aantal en dan nog enkel met goedkeuring van de overheid. Dit
verloopt niet zo vlot temeer daar nagenoeg alle financiële
ondersteuning en aanvoer van materialen is afgesneden. Er breekt
in Lambarene hongersnood uit. De oogsten zijn verslonden door
termieten of vertrappeld door grote kudden olifanten die door
gebrek aan jagers niet konden worden uitgedund. Zo zijn de
Schweitzers voor het eerst verplicht apenvlees te eten wat zij
ervaren als een vorm van kannibalisme. Ook Jozef heeft hen in de
steek gelaten. Hij is terug gekeerd naar zijn familie en heeft zijn
geld aan lakschoenen en brandewijn verbrast.

In 1917 zal Clemanceau plots zijn houding ten opzichte van de
krijgsgevangenen in de koloniën drastisch verstrengen. De
Schweitzers worden nu als gevangenen naar Frankrijk
overgebracht. Deze passage uit hun leven vindt men terug in het
later verfilmde toneelstuk van Gilbert Cesbron: *Il est minuit, docteur
Schweitzer* (1952). Albert en Hélène komen terecht in een
interneringskamp in de Pyreneeën: Garaison Hautes Pyrénées. Het
regime valt al bij al mee en na enige tijd mag Schweitzer, die er de
enige arts is, de zieke gevangenen behandelen. Maar in maart 1918
worden ze, zoals alle gevangenen uit de Elzas, overgeplaatst naar
een oude instelling voor krankzinnigen in Saint Rémy de Provence.

Voor Schweitzer is het feit dat in 1889-1890 Vincent van Goch daar eveneens verbleef een zekere troost. Opnieuw weet hij het vertrouwen van de bewakers en de lokale bevolking te winnen en is men blij dat hij bereid is de vele slachtoffers van dysenterie en Spaanse Griep te verzorgen. Albert en Hélène genieten een zeker privacy en beschikken over een eigen kamer. Daar wordt hun enige dochter Rhena verwekt. Bij een uitwisseling tussen Duitse en Franse krijgsgevangenen kunnen de Schweitzers uiteindelijk via Zwitserland Duitsland bereiken. De oorlog is reeds voorbij wanneer op 14 januari 1919, op de verjaardag van haar vader, Rhena geboren wordt!

Terug naar Lambarene

In 1923 vat Schweitzer het plan op om opnieuw naar Lambarene te vertrekken. Hij had hiervoor andermaal voldoende geld verzameld. Op aanraden van de Lutherse aartsbisschop van Upsalla, Nathan Söderblom (1861-1936) was hij door Zweden getrokken om overal Bachconcerten te houden en lezingen te geven. Ook de verkoop van zijn boeken had heel wat opgebracht. Hij volgt nog enkele cursussen over verloskunde en tandheelkunde in Straatsburg en lessen over tropische hygiëne in Hamburg. Op 14 februari 1924 vertrekt hij. Hélène, verzwakt door tuberculose kan hem niet vergezellen. Zij blijft met Rhena in Gunsbach. Verschillende protestantse gemeenschappen hebben een grote hoeveelheid medische materialen verzameld. Op elk van deze pakken brengt Schweitzer de initialen ABS aan: Albert Schweitzer Breslau, alsof de geest van zijn vrouw hem toch nog vergezelt. Op 21 februari kiest het Nederlandse vrachtschip de Orestes zee, richting centraal Afrika. Schweitzer reist samen met de achttienjarige Noël Gillespie, een ijverig student die door zijn moeder werd aangezet een periode in de tropen door te brengen. Gillespie zal voor Schweitzer fungeren als een soort secretaris en hem bij allerlei karweitjes bijstaan. Later zou de jonge man een beroemd anesthesist worden.

Op 19 april, paaszaterdag, bereikt hij Lambarene. Er zijn evenwel te weinig kanos en nog minder roeiers om het materiaal aan land te brengen. Met ontsteltenis stelt Schweitzer vast dat van het oude ziekenhuis nagenoeg niets meer is overgebleven. Hier en daar staat nog een fundering of een muur recht. En weer ontbreekt het hem aan gedreven arbeiders. De dag van zijn aankomst gaat hij zelf met Gillespie op zoek naar grote palmbladeren om de daken enigszins te bedekken want op 21 april, paasmaandag, verschijnen er reeds vele zieken. Heel wat van hen zijn er zeer erg aan toe, er was immers jaren geen arts meer ter plaatse. Geen wonder dan ook dat het sterftecijfer in deze eerste weken zeer hoog ligt. Schweitzer doet zijn best om het ziekenhuis opnieuw operationeel te maken maar de medewerking van de inheemse bevolking is beneden alle peil. Bij regenweer wordt er niet gewerkt, regen is immers een teken dat god hen een rustdag geeft. Wanneer een zwaar zieke man 's avonds bij Schweitzer wordt gebracht en s' morgens overleden is verdenken de zwarten de arts ervan een blanke luipaardman te zijn die mensen om het leven brengt. De spanningen lopen zelfs zo hoog op dat Schweitzer overweegt geen inheemse zieken meer te verzorgen. Maar er komt versterking: vanuit de Elzas arriveert Mathilde Kottmann een ervaren verpleegkundige en ook Jozef komt opnieuw zijn diensten aanbieden. Ze slagen erin de apotheek en de consultatieruimte terug in gereedheid te brengen. Maar de frustraties zijn niet voorbij. Heel wat bejaarde zwarten worden enkel naar het ziekenhuis gebracht omdat de familie gewoonweg weigert nog voor hen te zorgen. Wanneer een graf moet gegraven worden zijn alle inlanders als bij toeval gaan vissen en wordt alles aan de blanke zendelingen overgelaten. Ondertussen heeft Schweitzer het plan opgevat om een nieuw gebouw op te trekken in baksteen. Er is klei genoeg voor handen en de maanden juli en augustus zijn warm en droog genoeg om de stenen te laten harden in de zon. En weer zijn alle inboorlingen gaan vissen wanneer hij

Paul Broos

hiervoor op hen beroep doet. Schweitzer wil zijn aangeboren autoriteit doen gelden maar dit is olie op het vuur. De locale bevolking gedraagt zich opstandig: *de dokter onderdrukt ons voor bakstenen.* Schweitzer wordt er ziek van en voor een keer geeft hij zijn plannen op. Er komt nog geen bakstenen ziekenhuis.

Maar als de nood het hoogst is, is de redding dikwijls nabij. Vanuit Europa arriveren twee artsen Viktor Nessmann en Marc Lauterburg en de verpleegkundige Emma Martin. De locale bevolking noemt hen *Les Petits Docteurs* om hen van *Le Grand Docteur* Schweitzer te onderscheiden. Nessmann blijkt een ervaren chirurg te zijn en kreeg de bijnaam *de zoon van de hoofdman.* Met drie artsen kunnen de taken nu beter verdeeld worden: één doet hoofdzakelijk het operatief werk, een andere de consultaties en de derde bezoekt de zieken, die zich moeilijk kunnen verplaatsen, in afgelegen gebieden. En er komt nog meer versterking: Emma Haussknecht, een onderwijzeres uit de Elzas. Zij zal zich gedurende dertig jaar intens met allerlei huishoudelijke en organisatorische taken bezighouden. Bijna altijd is zij vergezeld door een jonge chimpansee wiens moeder door zwarte jagers gedood werd en die onafscheidelijk aan haar gordel hangt.

Maar er dagen ook andere lieden op. Vanuit het binnenland verschijnen er zeer primitieve stammen die een andere taal spreken en geen enkele afspraak respecteren. Ondanks verbodsbepalingen leggen zij regelmatig vuren aan onder de bedden. Zij hebben niet de minste eerbied voor iemands eigendom. Ze stelen zonder scrupules en eten zelfs de kippen van de zendelingen op. Enkel door hen als straf voedsel te weigeren kan men hen enigszins onder controle houden. Deze primitieve inboorlingen brengen natuurlijk heel wat ziekten mee: er is weer een geweldige opstoot van slaapziekte, dysenterie en melaatsheid; er dreigt weer hongersnood. Schweitzer wordt zelf het slachtoffer van erge voetzweren en kan zich bijna niet meer verplaatsen.

Elke moeilijkheid gaat gepaard met nieuwe kansen. Vanuit Zweden ontvangt Schweitzer een nieuwe motorboot: de *Tack sa*

Mycket, wat "Zeer veel dank" betekent. Dit maakt verplaatsingen en aanvoer van materiaal via de Ogowe nu veel makkelijker, men is minder afhankelijk van roeiers die veel duurder uitvallen dan enkele kannen brandstof! De aanwezigheid van zijn blanke medewerkers geeft Schweitzer meer armslag om zijn bouwplannen te realiseren. Als bakstenen niet kan dan maar hout. Er is voldoende materiaal voor handen maar het moet wel aangevoerd worden over een afstand van een dertigtal kilometer en dan nog bewerkt. Helaas is niemand van de weinig enthousiaste inboorlingen in staat tot enig timmer- of schrijnwerk. Terecht merkt Schweitzer op: *Geen enkele inboorling zou mogen leren lezen en schrijven zonder zich gelijktijdig in een ambacht te bekwamen* (Daeter Ben, 2002). Maar wanneer hij de echtgenote van een grote houthandelaar geneest van een erge angina is deze bereid een aantal van zijn mensen ter beschikking stellen. Het loopt echter fout. Op de houtwerf breekt een epidemie van dysenterie uit en de Afrikaanse verpleegkundigen weigeren hun landgenoten te verzorgen. De zieken zelf gedragen zich zeer ongedisciplineerd en houden geen rekening met de voorgeschreven hygiënische maatregelen wat ertoe leidt dat de epidemie zich al maar uitbreidt. Schweitzer ervaart dit als een dieptepunt in zijn carrière en is de wanhoop nabij: *wat ben ik toch een domkop geweest om hier onder zulke wilden te komen dokteren* (Daeter Ben, 2002).

Tegelijkertijd realiseert hij zich meer dan ooit dat een groter ziekenhuis echt nodig is. Van de overheid bekomt hij een concessie van 70 ha zowat 3 km meer stroomopwaarts gelegen op een heuvel *Adoninalongo* genaamd wat betekent *Uitzicht over de volkeren*. Het was de plaats waar vroeger een legendarische Zonnekoning zou gewoond hebben. Sarcastisch genoeg zou men kunnen zeggen dat er in 1925 'gelukkig' weer een hongersnood uitbreekt waardoor er plots meer werkwilligen voor handen zijn. Schweitzer had immers voordien een grote plantage van koffie, cacao en fruit opgezet en gezorgd voor massale invoer van ongepelde rijst. Hierdoor is hij in staat de bevolking te voeden maar als tegenprestatie verwacht hij dat begeleiders en niet ernstige zieken voor een extra rantsoen aan de opbouw van het ziekenhuis meewerken.

Het ziekenhuis komt er, ditmaal gebouwd op stevige palen. Tussen mei en september 1926, voor het begin van het regenseizoen, moet het onder dak komen en het lukt. Maar niet zonder een nieuwe teleurstelling: al zijn fruit wordt geplunderd! Uiteindelijk wordt overeenkomen dat al wie werkt zoveel fruit mag eten als hij wil maar het niet buiten de werf mag doorverkopen.

In Januari 1927 is *het dorp van barmhartigheid* klaar en kan de verhuis van de zieken, hoofdzakelijk per boot, vanuit het eerste ziekenhuis beginnen. Men probeert zoveel mogelijk materiaal te recupereren. Zo worden de planken uit oude gebouwen gebruikt om nieuwe bedden te maken. In het nieuwe hospitaal beschikt men over een doktershuis, kleine en grote operatiezalen, een apotheek, een bergruimte voor materialen en een laboratorium. Er zijn afzonderlijke paviljoenen voor krankzinnigen en voor dysenterie patiënten. Voor deze laatste zieken is het gebouw zo geconcipieerd dat zij de Ogowe rivier, bron van besmetting en contaminatie, niet meer kunnen bereiken. In totaal is er plaats voor 250 zieken en hun begeleiders. Het hospitaal zou blijven functioneren zelfs tot lang na Schweitzers' dood. Dokter Frederick Trensz, een nieuwe medewerker zal er zelfs wat bacteriologisch onderzoek doen en een van de bacillen verantwoordelijk voor dysenterie ontdekken.

Eerbied voor het leven.

Het past om op het ogenblik dat Lambarene optimaal functioneert toch iets te zeggen over Schweitzers groot principe: *Gij zult niet doden* en *Eerbied voor het leven.* Men denkt vandaag nogal makkelijk aan verzet tegen euthanasie of abortus maar dat bedoelde Schweitzer niet. Wel benadrukte hij een algemeen respect voor alle door God geschapen levende wezens, inclusief grote en kleine dieren, zelfs planten.

Er is pas sprake van beschaving als Eerbied voor het Leven centraal staat, wat pas goed mogelijk is als levensbeschouwing losgekoppeld wordt van een steeds wisselende wereldbeschouwing. Wij mogen een ander wezen enkel en alleen pijn doen of doden wanneer dit een onontkoombare noodzaak is (Schweitzer Albert, 1960).

Geen wonder dat Schweitzer vegetariër werd! Soms lijkt zijn redenering zelfs een reductio ad absurdum: bacteriën doden door een wonde te desinfecteren is een misdaad die moet gepleegd worden om iets goed te realiseren. Inderdaad, ad absurdum, een dokter die de Tse Tse vlieg, verwekker van slaapziekte zou sparen en haar nog liever zou buitenzetten dan ze dood te slaan omdat het doden hem een schuldgevoel geeft. Achter het hospitaal lag een kerkhof met kruisjes...voor de overleden huisdieren! Ook gras mag niet nodeloos vertrappeld worden en bij het bouwen van een huis moet men vermijden bomen te rooien (Emane Augustin, 2013).

1927-1965 Tussen Europa en Lambarene

Tussen 1927 en 1965 zal Schweitzer zijn tijd verdelen tussen ziekenzorg in Afrika en geldinzamelingen in Europa om die ziekenzorg in stand te houden. In totaal is hij 19 maal naar Lambarene gereisd. Zo keert hij in juli 1927, vergezeld van Mathilde Kottmann naar Europa terug om na meer dan drie jaar zijn dochter Rhena terug te zien. Er zijn nu immers voldoende bekwame artsen en verpleegkundigen in de zendingspost achtergebleven om het ziekenhuis draaiende te houden en hij moet dringend nieuwe fondsen verwerven na de bouw van het grote hospitaal.

Weer geeft Schweitzer succesvolle orgelconcerten, houdt lezingen over Jezus en Paulus en geeft raad bij het herstel van oude orgels. Hij komt in contact met belangrijke figuren zoals Koningin

Elisabeth, Einstein, Russel, Pater Pire. In 1928 krijgt hij van de stad Frankfurt de Goethe prijs. Schweitzer heeft deze grote literator, die heel wat karaktertrekken met hem gemeen heeft, steeds bewonderd. Met dit geld bouwt hij voor zijn familie een fraai huis in Gunsbach dat later een museum zal worden. In 1929 is hij terug in Lambarene, vergezeld van Hélène maar een nieuwe opstoot van tuberculose verplicht haar snel naar Europa terug te keren. Als in 1933 de Nazi's aan de macht komen moet zij als joodse samen met Rhena uitwijken naar Lausanne. Nadien vinden we moeder en dochter terug in de Verenigde Staten waar ze in 1937 zullen ijveren voor de oprichting van een Albert Schweitzer Fellowship met de bedoeling om fondsen in te zamelen.

In 1933 trekt Schweitzer samen met de Schotse zendelinge Lilian Russel (1875-1949) opnieuw naar Lambarene waar een bemiddelde blanke hen een grote petroleum lamp cadeau doet. Daardoor kan hij voortaan opereren bij kunstlicht. Gebruik van ontvlambare ether voor narcose is daardoor wel uitgesloten maar dat vormt geen echt probleem omdat hij met lokale of lokaal-regionale verdoving werkt (de ruggenprik). Wanneer in 1938 het hospitaal 25 jaar bestaat hebben de kolonisten 90.000 Fr verzameld om röntgenapparatuur te kopen maar Schweitzer verkiest het geld te besteden aan nieuwe medicijnen.

In januari 1939 zit Schweitzer op een schip richting Europa. Hij hoort via de radio een speech van Hitler en is ervan overtuigd dat de oorlog onvermijdelijk wordt. Daar hij de enige is die in die omstandigheden het ziekenhuis kan blijven in stand houden besluit hij onmiddellijk terug te keren. Aangekomen in Bordeaux laat hij zijn bagage op het schip, verblijft een korte periode bij zijn familie en reeds op 4 maart vertrek hij met dezelfde boot opnieuw naar Lambarene. Daar krijgt hij bezoek van Rhena. Zij had graag geneeskunde gestudeerd maar haar vader verzette zich. Zij wordt uiteindelijk laborante en huwt met Jean Eckert een hersteller van oude orgels waarmee ze vier kinderen zal hebben. Een van haar dochters, Christiane zal later in Zwitserland wel medicijnen studeren. In 1940 is de Franse kolonie Gabon oorlogsterrein tussen de strijdkrachten van het Vichy regime van maarschalk Pétain en de troepen van France Libre van generaal De Gaulle. Alhoewel Lambarene zeer strategisch gelegen is zullen beide partijen het hospitaal volledig sparen. In 1941 slaagt Hélène erin om met Engelse hulp via Portugal Lambarene te bereiken. Eens te meer blijkt dat de door Schweitzer aangelegde plantages een erge hongersnood voorkomen hebben. Niettemin komt het hospitaal door een tekort aan voorraden in ernstige problemen. Overleven in 1942 is alleen nog mogelijk door inzamelingen uit Amerika en Zweden die via het Britse Rode Kruis Afrika bereiken. Ook het tekort aan personeel is nijpend. Velen zijn immers gemobiliseerd of opgevorderd. Enkel trouwe krachten zoals Gertrude Koch en Emma Haussknecht blijven ter plaatsen. Alleen ernstige gevallen worden nog behandeld.

Op 14 januari 1945 mag Schweitzer zijn zeventigste verjaardag vieren. Conform de heersende gewoonten is het de jarige die kiest wat er die dag zal gegeten worden Schweitzer geeft de voorkeur aan gebakken aardappelen. Bij een verjaardag wordt er gezongen en met de dokter achter zijn fameuze piano heft men het *Harre meine Seele, Harre des Hern* aan.

Met de *Foucauld* keert Schweitzer in oktober 1948 terug naar Europa. Hij bereikt Gunsbach op 28 oktober maar reist bijna onmiddellijk door naar Männedorf bij het meer van Zürich waar Rhena en haar gezin verblijven. In juni 1949 maakt hij samen met Hélène zijn enige reis naar de Verenigde Staten. Hij wordt uitgenodigd om in het bergachtige Aspen Colorado een voordracht te geven ter gelegenheid van de 200ste verjaardag van Goethe. Schweitzer had dit aangenomen omdat hier een bedrag van 6100 $ aan vast zat dat hij wilde gebruiken om een melaatsendorp te bouwen. Wanneer hij met de boot New York nadert is hij getroffen door het vrijheidsstandbeeld, een werk van F. A. Bartholdi. Hij dacht meteen aan dat andere fameus beeldhouwwerk van deze kunstenaar uit de Elzas: de om redding en barmhartigheid smekende Afrikaan, een beeld dat hij zo dikwijls in Colmar had gezien. Het had hem eertijds mee geïnspireerd om als zendeling naar Afrika te trekken. Het verblijf in de nieuwe wereld werd evenwel geen echt succes. Schweitzer, gewoon aan de Afrikaanse warmte, voelde zich vaak misselijk in de ijle lucht van Colorado.

Tijdens de jaren 1949-1951 neemt Schweitzer te Lambarene nog steeds de leiding waar: hij is de bestuurder, de arts, de bouwmeester, de opzichter... maar naarmate hij zachtaardiger is voor dieren wordt hij eerder onverdraagzaam en prikkelbaar voor mensen.

In 1953 wordt hem de Nobelprijs voor de vrede toegekend. In 1952 was hij reeds onder de genomineerden maar toen werd niemand weerhouden. Vooral onder druk van de Joodse lobby waartoe ook Einstein, met wie Schweitzer goede relaties had, behoorde, kreeg hij de prijs dan toch een jaar later. Pas in 1954 begeeft hij zich naar Scandinavië om de 147.000 kronen in ontvangst te nemen die hem zouden toelaten eindelijk zijn 'lichtdorp' voor de melaatsen te bouwen.

Wanneer op 1 juni 1957 Hélène te Zürich sterft is Schweitzer in Lambarene. De urne met de as van zijn vrouw zal worden overgevlogen om daar begraven te worden.

Trouw aan zijn principe 'Gij zult niet doden' neemt hij in zijn laatste levensfase actief deel aan de protesten tegen het gebruik van atoomwapens. Hij wordt lid van de SANE beweging (SANE Nuclear Policy), geeft heel wat voordrachten maar wordt dit keer niet door iedereen 'au sérieux' genomen. Voor sommigen zijn zijn argumenten onrealistisch en te eenzijdig gericht tegen de wapens in het Westen. Op het Rode Plein moet blijkbaar niet betoogd worden! Hij zal ter gelegenheid van de Cuba crisis in 1962 nog een brief schrijven aan president Kennedy! (Schweitzer Albert, 1958).

Op 14 januari 1965 wordt hij negentig jaar. Hij laat de administratieve leiding over aan zijn dochter Rhena. Wanneer hij op 2 september nog een laatste maal rondwandelt in het ziekenhuis neemt hij stilaan afscheid. Hij is niet gerust in de toekomst van het Lepradorp. Men voelt dat zijn einde nadert. De zwarten zeggen hem: *Als je sterft spelen we een week lang op de tam tam.* Met enige humor had hij geantwoord: *gelukkig zal ik het dan niet meer horen* (Daeter Ben, 2002). Op 4 september 1965 slaapt hij rustig in. De melaatsen zullen zijn graf delven nabij dat van Hélène en van Emma Haussknecht, zijn trouwe medewerkster. In zijn kist legt men zijn hoed, zijn jas, een zakje rijst dat hij altijd bij zich had om aan de dieren uit te delen en enkele wijngaardblaren afkomstig uit de streek van Gunsbach. De zendelingen zingen: *Bleib bei uns denn es will Abend werden.*

Tot slot

Het werk van Albert Schweitzer als arts in de tropen heeft een duidelijk spoor nagelaten. Zo staat er nu in Lambarene een ziekenhuis van de vierde generatie, begonnen in 1981. Zowat 160 mensen zijn er tewerkgesteld waarvan 140 uit Gabon. Het is een van de voornaamste werkgevers van de regio en de kwaliteit van zorg kan voor vele ontwikkelingslanden tot voorbeeld dienen. Maar hebben de ideeën van Schweitzer zelf, zijn respect voor het leven, in onze eeuw nog dezelfde invloed? Zegde hijzelf niet dat zijn levensfilosofie belangrijker was dan zijn ziekenhuis?

Tijdens zijn leven werd Schweitzer alom bewonderd. Hij werd vereerd met de Nobelprijs voor de vrede. Toch was hij geen gemakkelijk man, veeleisend voor zichzelf maar niet minder voor zijn omgeving. Met de maatstaven van vandaag zou men zelfs ernstige bedenkingen kunnen hebben bij zijn opvattingen over de zwarte Afrikanen en bij zijn uitoefening van de geneeskunde. Maar vergeten we niet dat hij zijn werk als arts-zendeling meer dan een eeuw geleden begon toen de ideeën over rassengelijkheid nog geenszins algemeen aanvaard waren en dat hij zijn werk voortzette ondanks tegenkanting en twee wereldoorlogen.

Is de wereld sindsdien zoveel 'respectvoller' geworden? Abortus en euthanasie beschouwen velen als bijna vanzelfsprekend, de modaliteiten ervan worden al maar versoepeld. Ondanks alle mooie principes en wetten is er zelden zoveel onveiligheid geweest, zelden zoveel haat, zoveel botsingen tussen culturen en schendingen van de mensenrechten. Wat voor de ene uiting is van vrije mening is in een anders mond racisme. Respect voor het leven, een eeuwig en transcendent begrip, moet blijkbaar telkens opnieuw worden uitgevonden! Precies daarin ligt de blijvende actualiteit van Schweitzer: hij daagt ons uit om zelf ons eigen Lambarene te zoeken.

Bibliografie

Bentley James, 1989, Albert Schweitzer, de man die een schitterende carrière opgaf om dokter in Afrika te worden, Infodok Leuven, Nederlandse Bibliotheek en Lectuur Centrum Den Haag.

Daeter Ben, 2002, Albert Schweitzer, een pionier in het oerwoud, Tirion, Utrecht.

Emane Augustin, 2013, Docteur Schweitzer, une icône africaine, Fayard, Saint-Amand- Montrond.

Feschotte Jacques, 1952, Albert Schweitzer, Editions Universitaire, Paris-Bruxelles.

Robbles Harold, 2000, Albert Schweitzer, avonturier voor de mensheid, Piramide, Amsterdam.

Schweitzer Albert, 1958, Vrede of atoomoorlog, Tjeenk Willink, Haarlem.

Schweitzer Albert, 1960, Ma vie et ma pensée, Albin Michel, Paris.

Schweitzer Albert, 2010, A l'orée de la Forêt Vierge, Albin Michel, Paris.

Kom en volg mij.

Jezus toen en Jezus nu

Geert Van Oyen

Deze korte bijdrage over hoe Schweitzer als theoloog Jezus ziet bevat twee delen. Eerst schets ik een samenvatting van zijn visie op Jezus zoals die te vinden is in zijn lijvige boek uit 1906 over de problematiek van het onderzoek naar de historische Jezus (Schweitzer 1906; Van Oyen 2008b). Daarna volgt een preek van Schweitzer uit 1904 waarin men enkele krachtlijnen terugvindt van zijn Jezusbeeld.

De historische Jezus volgens Schweitzer

Bij het grote publiek is Albert Schweitzer vooral bekend als arts en voorvechter voor de vrede. Zijn succesrijke reizen in de wereld om zijn hospitaalproject in Afrika te steunen en de Nobelprijs voor de vrede in 1952 (uitgereikt in 1954) hebben daar zeker toe bijgedragen. Maar de eerste academische vorming die deze domineeszoon heeft genoten aan de universiteit van Straatsburg was in de faculteiten van filosofie en theologie en wel in het bijzonder in de studie van het Nieuwe Testament. De band tussen zijn bijbels-theologische inzichten en de uitbouw van zijn verdere loopbaan als geneesheer in Afrika wordt niet vaak uit de doeken gedaan (zie daarover Arnold 2009; Arnold 2013; Luz 2013). Toch is het besluit dat Schweitzer in 1913 heeft genomen om de Westerse wereld achter zich te laten en in het oerwoud te gaan werken niet los te koppelen van zijn visie op wie Jezus was. Op theologisch vlak kan Schweitzer eigenlijk een vrije en persoonlijke denker genoemd worden (Van Oyen 2008a). Wanneer hij aan het begin van de twintigste eeuw het plan opvat om te onderzoeken hoe men in de kritische exegese van de voorbije tweehonderd jaar het onderzoek naar de historische Jezus heeft aangepakt, komt hij tot de vaststelling dat daarin één belangrijke dimensie uit het denken van Jezus is weggelaten. Met uitzondering van een paar exegeten, zoals bijvoorbeeld Johannes Weiss, wordt er bijna nooit met Jezus' apocalyptische denkwereld rekening gehouden. Vóór Schweitzer beschouwde men Jezus als een burgerman die God in de harten van de mensen heeft gebracht en hen op die manier bepaalde ethische leefregels heeft meegegeven. Wie die regels volgt bouwt aan een leefbare samenleving die het rijk Gods wordt genoemd. Schweitzer is bikkelhard in zijn oordeel: deze Jezus is niet de Jezus waar de evangeliën voor staan maar de Jezus die de exegeten gevormd hebben als spiegelbeeld van hun eigen beelden over hem! Maar men kan niet zomaar de historische Jezus overplaatsen in onze tijd. Schweitzer wil Jezus terug in zijn joodse context plaatsen, namelijk in het apocalyptisch gedachtengoed dat vanaf de tweede eeuw voor Christus als een religieus denkkader aanwezig was. Het is volgens Schweitzer helemaal niet zo dat Jezus de mensen aanspoort om door een ethisch leven het Rijk Gods op aarde zelf te maken. Wat dan wel? Jezus brengt precies de tegenovergestelde boodschap. Hij kondigt aan dat God zelf zijn Koninkrijk komt installeren én dat het moment van Gods ingrijpen heel binnenkort staat te gebeuren. Dat beeld over Jezus noemt Schweitzer "consequente apocalyptiek": Jezus is overtuigd van Gods interventie en als Mensenzoon spreekt en handelt hij daarnaar. Het sterke zelfbewustzijn van Jezus speelt een grote rol in het Jezusbeeld van Schweitzer. Hij weet dat hij de Messias is maar wil het geheim houden. Hij roept leerlingen om hem te volgen om precies die boodschap te verkondigen (de zendingsrede in Matteüs 10 stond al in Schweitzers jeugd centraal). Maar de zending lijkt niet veel succes te hebben: God grijpt nog steeds niet in. Jezus wil daarom zelf een ultiem teken stellen voor de mensen en voor God. Hij neemt het besluit om naar Jeruzalem te gaan en er te sterven. Zo hoopt hij als het ware God uit te dagen om toch een nieuwe wereld te laten komen. Maar Jezus blijkt zich te hebben vergist...

Men leest wel eens dat Schweitzer zich verzette tegen het historisch Jezusonderzoek. Uit bovenstaande schets blijkt het tegendeel. Hij was wel kritisch ten aanzien van een specifiek beeld dat men van de historische Jezus had gemaakt in het burgerlijke West-Europa van de negentiende eeuw. Hijzelf meende echter de 'echte' historische Jezus te hebben ontdekt, de man die zo vreemd is voor de moderne mens omdat Hij in een totaal andere, apocalyptische, tijd leefde. Die historische Jezus heeft dus wel degelijk bestaan. Alleen, wij moeten niet proberen hem over te plaatsen naar vandaag. Zo werkt het niet. Hij is een unieke persoon die alleen binnen zijn eigen tijdskader kan begrepen worden. Het is in die optiek dat men de laatste zin van zijn lijvige boek over het historische Jezus onderzoek moet verstaan:

Als een onbekende en naamloze komt hij (Jezus) ons tegemoet, zoals hij destijds aan de oever van het meer die mannen opzocht die niet wisten wie hij was. Hij spreekt dezelfde woorden: 'Jij daar, volg mij!' En hij confronteert ons met de problemen die in onze tijd moeten worden opgelost. Hij gebiedt. En aan eenieder die hem gehoorzaamt - wijze en eenvoudige mensen - zal hij zich openbaren in alles wat zij in zijn gemeenschap mogen ervaren aan vrede, arbeid, strijd en lijden, en ze zullen als een onuitsprekelijk geheim ervaren wie hij is... (Schweitzer 1906, ⁶1971: 887)

Is er dan niets aan de historische Jezus dat belangrijk is voor vandaag? Jazeker. Als men het apocalyptische of eschatologische kader – dat toch niet meer het onze is – wegdenkt, dan blijft de charismatische Jezusfiguur over: een man met een enorme autoriteit, een sterke wil en een krachtige "spirit". Met die wil, die kracht, die geest – het zijn drie woorden die Schweitzer vaker gebruikt – moeten we vandaag proberen in contact te komen en daaruit zelf kracht en geest ontwikkelen. De ontmoeting met Jezus gebeurt "von Wille zu Wille". Vandaar dat in de slotpassage van zijn boek alleen het woord van Jezus "Jij daar, volg mij!" volstaat om in zijn geest te leven. Geloven is daarom: Jezus' stem horen en hem volgen. Eschatologie behoort op die manier eigenlijk tot de mythologie want ze is als kader van Jezus' denken van voorbijgaande aard gebleken. Net zoals het Griekse denken en het middeleeuwse denken op een bepaald moment achterhaald bleken te zijn.

De historische Jezus als apocalyptische figuur heeft voor Schweitzer dus geen *directe* betekenis voor het geloof vandaag. Een gevolg van Schweitzers denken over de historische Jezus is dat er eigenlijk heel weinig nood is aan een georganiseerde kerk die rond dogmatische stellingen een geloofsleer opbouwt. Als theoloog is Schweitzer daar niet veel mee bezig. Hij is eerder de man van de praktische kant van de navolging en helemaal niet de theoloog die de juiste leer wil nastreven (Zager 2005). Jezus is een autoriteit voor wie wil leven ontvangen en leven geven.

Onze verhouding tot de historische Jezus moet oprecht en vrij zijn. We doen recht aan de geschiedenis en we maken ons vrij van zijn concrete voorstellingswijzen. Maar we buigen ons voor die geweldige wil die achter die voorstellingen steekt en we proberen die in onze tijd te dienen. Zo wordt die wil in onze wereld geboren tot nieuw leven en tot nieuwe werkzaamheid die onze voltooiing en die van de wereld bewerkstelligt. Op deze wijze ontdekken we het één-zijn met de oneindige morele wil die in de wereld heerst en worden we kinderen van het koninkrijk van God. (Schweitzer 1906, ⁶1971: 885).

Hier is de band te vinden met Schweitzers levenswerk als arts en voorvechter van de vrede. Hij was zelf bezeten door de wil van Jezus en vond daarin de kracht om zijn zending te volbrengen. In het handelen lag zijn geloofsbeleving. Als we het zo bekijken dan geldt voor Schweitzer eigenlijk hetzelfde als wat hij over zijn collega's theologen schrijft: de Jezus van Schweitzer is een spiegel van Schweitzers persoonlijk leven en denken. Schweitzer was ook predikant. Hij stelde zich dus dikwijls de vraag hoe hij vanop de kansel zijn visie op de relatie tussen Jezus en de gelovigen op een verstaanbare manier kon verkondigen. Die relatie – zo hebben we gezien – is wel degelijk mogelijk door de eenheid van wil en geest en werken. Jezus is niet gekomen om aanbeden te worden maar om gevolgd te worden. In zijn laatste college over de historische Jezus (29 juli 1908) te Straatsburg zegt hij:

> Niet de historische mens Jezus, maar de Geest, die van zijn woord uitgaat, die in elke nieuwe tijd en in elke mens opnieuw krachtig vorm krijgt, die zal de wereld overwinnen en daar kan geen enkel historisch Jezus onderzoek iets aan veranderen (Gräßer – Zürcher 1998: 531).

Het is niet overdreven te stellen dat de ontmoeting met Jezus voor Schweitzer een soort mystiek gebeuren is. Er is een soort transcendentie in het wezen van Jezus dat de tijd overstijgt, de kracht van zijn woord, de geest die hij in zich draagt van onafhankelijk en vrij te zijn tegenover bezit, institutie, macht. De invloed van de spirituele waarheid en ethiek overstijgen de geschiedenis.

Geert Van Oyen

Schweitzers denken werd aanvankelijk niet erg positief onthaald. Begrijpelijk. Iedereen voelde zich geviseerd want in zijn vaak scherpe taal nam hij alle voorafgaande exegese op de korrel. Maar merkwaardig genoeg moeten we vaststellen dat de meest verspreide visie op de historische Jezus in de twintigste eeuw die van de eschatologische Jezus is geweest. Men kon niet meer om Schweitzer heen. Zijn invloed is in die zin ook op theologisch vlak onmetelijk groot geweest, want niet alleen in de Bijbelwetenschappen maar ook in het systematisch denken moest men een plek geven aan de eschatologie. Denk maar aan de bekende uitdrukking dat het koninkrijk van God er "reeds, maar nog niet" is. Of aan de theologie van de hoop die in de jaren 1960-1980 hoogtij vierde. Slechts vanaf de jaren 1980 kwam er vanuit Amerika een stroming op gang van bijbelwetenschappers die Jezus meer als een wijze goeroe zagen die zijn wijsheid uitdeelde. Ze konden het niet eens zijn met Schweitzers visie op Jezus als een eschatologische profeet. Maar de kritiek op die nieuwe benadering was zo heftig dat de slingerbeweging momenteel ergens in het midden tot rust aan het komen is. Wijsheid, ethiek én eschatologie hoeven elkaar niet noodzakelijk uit te sluiten.

Voor de toekomst van de theologie en de Bijbelstudie blijven als gevolg van Schweitzers onderzoek enkele onderwerpen nog steeds actueel. Zo is het aanvaard dat men eigenlijk niet over *de* historische Jezus kan spreken maar steeds over historische Jezusbeelden waarbij het denken en het leven van elke onderzoeker in zijn tijd en context een rol speelt. Men zal moeten leren denken met verschillende visies op Jezus en in dialoog elkaar proberen te respecteren. In onze ontkerkelijkte wereld is het bovendien meer dan ooit een uitdaging voor de academisch gevormde theologen op een verstaanbare manier te verwoorden hoe precies de band tussen de historische figuur Jezus en het geloof in de verrezen Christus vandaag in elkaar steekt. Het beste doen ze dat op een manier die

34

verstaanbaar is voor gelovigen, andersgelovigen en andersdenkenden. Dat er daarbij misschien heilige huisjes over het nog steeds te invloedrijke mythologische wereldbeeld zullen moeten worden aangepakt lijkt me voor de hand te liggen.

Schweitzer aan het woord. Een homilie uit 1904

In het tweede deel van deze bijdrage wil ik op een heel concrete manier, aan de hand van een tekst van Schweitzer zelf, illustreren hoe zijn denken vorm krijgt in de 'vertaling' naar zijn gemeenteleden. In de Nederlandse vertaling van een preek uit 1904 die hieronder volgt ziet men hoe de relatie tussen Schweitzers denken, zijn verkondiging en zijn leven zichtbaar is. Wie naar hem luistert voelt de gedrevenheid van iemand die gegrepen is door de wil van Jezus. Hij geeft zijn ziel bloot. Men moet vanzelfsprekend abstractie maken van de taal aan het begin van de twintigste eeuw, maar de ideeën van Schweitzer zijn duidelijk aanwezig. Tot geloof komen betekent een spiritueel contact met Jezus en dan vooral met zijn wil nastreven. Daarbij is de eerste stap dat men zich aangesproken weet door de roepstem van Jezus: "Kom en volg mij". Dat besef een opdracht te hebben is wat ook Schweitzer in zijn leven heeft gedreven. Het gevoel van kleinheid en zondigheid is niet iets dat ons drijft naar God, maar het is eerder omgekeerd. Wie dicht bij de goedheid van God staat zoals die in Jezus zichtbaar is, die zal zelf beseffen hoe klein hij eigenlijk nog is. Dat gevoel van nietigheid ten aanzien van de kracht van God in Jezus is slechts de tweede stap. Men wijst er soms op dat de Jezus van Schweitzer iemand is die boetvaardigheid beleeft om de zonden en de fouten van anderen te dragen. Dat is onmiskenbaar een deel van de spiritualiteit van Schweitzer. Hij ontwikkelt die minder in zijn geschriften over de historische Jezus maar eerder in zijn preken, brieven en toespraken waar hij het dikwijls over "boete" heeft. En Schweitzer zelf beschouwt zijn eigen zending soms ook als een soort boetedoening voor het kwaad dat in de wereld wordt aangericht. Toch is bij een aandachtige lezing van deze preek het juist de bedoeling van Schweitzer om die boete niet op de eerste plaats te zetten. Het is het appèl dat van Jezus uitgaat dat belangrijker is.

Men voelt in alles wat Schweitzer schrijft over Jezus dat hij hem bewondert als zijn held. In hetzelfde jaar waarin hij deze preek heeft gehouden (1904) schrijft hij aan zijn vriendin en latere vrouw Helene Bresslau:

> Ik veroorloof me even om ketters te doen! Alleen maar Jezus te kennen, als enige religie zijn werk voort te kunnen zetten, niet meer te kunnen verdragen wat het christendom aan plebejisch en vulgair heeft... Ik begrijp hem, de enige Grote, en ik ben zijn discipel. (Schweitzer – Bresslau 1992: 68; brief van 1 mei 1904).

In 1966 werden zeventien "Straatsburgse preken" uit de periode 1900-1919, alle gehouden in de Nicolaikerk in Straatsburg, postuum uitgegeven door Ulrich Neuenschwander. Het boekje dat ondertussen in het Duits aan zijn derde druk is (1993) werd ook in het Nederlands vertaald (zie in de bibliografie bij Schweitzer 1966). In bijlage breng ik een eigen vertaling van de vierde preek. Schweitzer hield die op 24 april 1904 ter gelegenheid van de eerste zondag na Pasen. Ik heb de cursieve tekst in het Duits cursief gelaten en ik heb de citaten uit de Bijbel tussen aanhalingstekens geplaatst. Voor de rest is de alinea-indeling behouden. Het valt op hoe weinig Schweitzer de naam Jezus gebruikt en het meestal over "hij/hem" heeft.

"Zie, ik ben bij jullie alle dagen tot aan het einde van de wereld".

(Matteüs 28,20)

Hier hebben we een woord als een zonsopgang. Als stond men op een hoge berg en zag men de verste heuvels en dalen door een lichtstraal verlicht. "Ik ben met u, tot aan het einde der wereld". Het zijn de laatste woorden van de Verrezene aan zijn leerlingen.

Voor velen onder ons kan het zijn dat die woorden een beetje aan schoonheid inboeten omdat ze moeilijk kunnen aanvaarden dat Jezus na zijn menselijk bestaan nog in gewone mensentaal tot zijn leerlingen heeft gesproken. Ik ben echter van mening dat het eerst en vooral op de eeuwige waarheid aankomt. De context van die zin waarin de Verrezene zich tot zijn leerlingen richt om hen te sterken en te troosten, is eigenlijk een symbool, een parabel. Waar het voor ons op aankomt is of we begrijpen wat het betekent, of we het reeds zelf ervaren hebben: "Ik ben bij jullie".

Welke innerlijke kracht gaat er niet reeds uit van geestelijke gemeenschap tussen mensen! Hoe arm zijn ze niet, de mensen die geestelijk eenzaam zijn, die niemand hebben, die hen begrijpt of bemoedigt. Dubbel arm zijn ze, wanneer ze zelfs de nood daaraan niet hebben! *Hoe verder men in het leven vooruit gaat, des te meer* begrijpt men hoe de echte kracht en het *echte geluk ons geschonken wordt door die mensen die voor ons iets betekenen op geestelijk gebied. Of ze nabij of veraf zijn, of ze nog leven of gestorven zijn, we hebben ze nodig om de weg door het leven te vinden. En het goede dat we in ons hebben wordt pas door hun geestelijke nabijheid levend en werkzaam.* Wanneer ik de uitdrukking "eeuwig leven" hoor, dan denk ik niet in de eerste plaats aan het vrede- en vreugdevolle bestaan van diegenen die "overwonnen" hebben. Ik denk aan het eeuwige leven zoals het mij geopenbaard wordt door degenen die er niet meer zijn of wel nog zijn: die mensen die ik nabij voel, niet als aardse wezens, maar als geestelijke wezens. En als aardse mensen met hun zwakheden en gebreken zo veel voor ons kunnen betekenen, hoeveel te meer dan diegene, in wie al het zuivere, al het geestelijke, al het eeuwige aanwezig is. In dit woord "Ik ben bij jullie" ligt het lot van elk mensenleven. Wie in staat is te zeggen 'Ja, zo is het, ik weet wat het is, geestelijke nabijheid', die is rijk en gelukkig. De anderen, die dit niet in het leven ervaren, zij zijn arme, arme mensen, zelfs als ze het niet zelf vermoeden.

Maar hoe kunnen we hem vinden? Hij is daar, werkelijk, in de evangeliën en in de leer van de kerk. In de evangeliën staat zijn leven op aarde beschreven en in de kerkelijke leer staat wat hij voor ons betekent. En toch gaan zo velen aan hem voorbij, ze vinden hem niet en ze leven hun leven zonder zijn geestelijke nabijheid werkelijk te bespeuren. Ik bedoel niet enkel die mensen die van harte zouden willen geloven en die hem toch niet zo persoonlijk kennen dat ze zijn ogen op hen voelen rusten en hun wil in de zijne voelen opgaan. Ik bedoel diegenen die zijn nabijheid niet op die manier ervaren hebben, dat alles wat ze lezen en horen over geestelijke gemeenschap met hem slechts een zwakke uitdrukking is voor hoe zij zijn nabijheid gewaarworden. Want geestelijke gemeenschap is iets wat alle woorden en alle voorstellingen ver achter zich laat, iets wat men beleeft maar niet beschrijven kan.

Maar goed, hoe kan het eigenlijk dat die Jezus van de evangeliën, die redder volgens de kerkelijke leer, als een levend geestelijk wezen in ons leven binnentreedt? Jullie herinneren je dat er in de brieven van Paulus staat: "Ik wil op menselijke wijze tot u spreken". Welnu, zo wil ook ik op menselijke wijze tot u spreken, want ik vrees dat er vandaag de dag niet voldoende op menselijke wijze over hem wordt gesproken. Op Goede Vrijdag, wanneer we hier diep geschokt zijn dood herdachten, begon men in Frankrijk zijn beeld uit de rechtszalen – die plaatsen waar hij tot op heden op de rechters had neergekeken – te verwijderen. Het kan niet anders dan dat nog nooit iemand op menselijke wijze tot de verantwoordelijken van deze actie heeft gesproken. Ze kennen hem alleen uit dode formules en doctrines. En daarom denken ze dat hij alleen tot het kerkinstituut behoort en hebben ze geen respect voor zijn eenvoudige, menselijke grootheid. Heel vaak denkt men dat de wereld de weg naar hem niet meer vindt omdat hij herleid is geworden tot een leer, zoals er prachtige oude kathedralen zijn die niet meer in hun grootsheid te bewonderen zijn omdat er huizen tegenaan gebouwd zijn. Men moet ook rond Jezus ruimte creëren.

Misschien vergis ik me, maar ik denk dat velen vergeefs wachten om zijn nabijheid te ervaren of om te voelen hoe de woorden "Ik ben bij jullie" in hun leven wordt vervuld. Ze wachten en wachten tot uiteindelijk die levende gemeenschap met hem – het moment waar toch de echte religie aanvangt – voor hen iets ongrijpbaars en onbereikbaars wordt, iets wat dan niet plaatsvindt en waar ze dan maar van afzien. Wanneer we op de hoogte zouden zijn van het religieuze leven van mensen die we ontmoeten, ook van velen die elke zondag met ons in de kerk zitten, dan zouden we vaststellen dat er veel stil en onvervuld verlangen aanwezig is en veel onzekerheid omtrent de levende, geestelijke gemeenschap met hem en zijn nabije ervaring.

Het is alsof ze een valse voorstelling van hem hebben gemaakt. Ze verwachten een heiland als trooster; en inderdaad, hij heeft zich aan velen die in zonde en ellende verkeerden als trooster geopenbaard. Maar toch – jullie zullen me wel correct verstaan ook al kan ik het slechts kort en niet helemaal perfect zeggen: het is iets als het ware onnatuurlijks wanneer iedere mens in zijn leven zou moeten zitten wachten op een bijzondere gebeurtenis of een innerlijke ervaring, zoals bijvoorbeeld Augustinus of Luther, waarin Jezus dan aan hem zou verschijnen. Dat is niet de weg die aan iedereen gegeven is. Ik bedoel het volgende. Veel mensen vandaag vinden hem niet omdat ze een moment van bijzondere behoefte aan troost verwachten waarop hij zich dan zou manifesteren. En omdat dit moment niet komt, komt ook hij niet tot hen. Maar hoe maakte hij zich initieel aan de leerlingen bekend? Niet als een troostvolle verlosser. Hij manifesteert zich niet aan zeer ongelukkige mensen met de woorden "Kom, ik zal jullie troosten". Neen, het zijn gezonde mensen die sterk in het leven staan tot wie hij zegt: *"Kom, ik zal jullie mensenvissers maken, dat wil zeggen, jullie moeten meewerken aan mijn levenswerk".* Is het niet betekenisvol dat hij juist voor de zin "Ik ben bij jullie alle dagen tot het einde van de wereld" het bevel geeft om zijn werk voort te zetten: "Ga naar alle hoeken van de wereld en onderricht alle volkeren". Dat woordje "ik" in de zin "Ik ben bij jullie" drukt vooral een wil uit. Het betekent: ik laat jullie niet los, jullie moeten mijn levenswerk voortzetten. En op die manier gaat die zin "Ik ben bij jullie" over de ganse wereld verder van geslacht op geslacht. *En wanneer ze zijn levenswerk verder zetten, door voor hem te strijden en te werken, dan pas hebben ze ervaren wat "Ik ben bij jullie" betekent. En deze ervaring is vandaag nog steeds dezelfde: de natuurlijke weg naar hem bestaat erin mee te werken aan zijn werk.* Uit deze eenheid van werken ontstaat een nog sterkere gemeenschap van geestelijk leven, een persoonlijke omgang met hem. Is het niet reeds mooi in de geestelijke omgang tussen mensen? – *Wie ons nabij geworden zijn zijn iets gaan betekenen voor ons omdat eenzelfde streven, een identiek ideaal ons met hen verbindt. Dat houdt ons met mensen bij elkaar met wie we anders niets gemeenschappelijks hebben en met wie we anders niet zouden overeenkomen. Zo moet ook onze wil opgaan in Jezus' almachtige wil. Dan wordt er een gemeenschap met hem gecreëerd en dan ervaart men wat het betekent: "Ik ben bij jou".*

Wanneer ik het christendom op menselijke wijze zou verkondigen, zou ik aan alle twijfelaars en aan al diegenen die tevergeefs verlangen zijn levende nabijheid te ervaren zeggen: Oké, stel je laat alles vallen en er blijft slechts één ding over, namelijk *dat hij een mens is die het recht heeft van je te verlangen dat je meewerkt aan het werk dat hij is begonnen, en dat je dat zouden willen doen, dan zal reeds zijn heerlijke nabijheid over jullie komen,* en je zal rijker en rijker worden, rijker dan je je ook maar zou kunnen voorstellen!

Dat is een gedachte waar ik steeds weer op terugkeer en waarvan ik uitga, *een gedachte die voor mij als een lichtplek in het woud is, waar alle paden op gericht zijn, omdat ze een troost was en nog is.* Men hoort wel eens zeggen dat theologiestudenten een heftige strijd doormaken wanneer de twijfel hen overmant bij de nauwgezette studie en het onderzoek van de christelijke leer en geschiedenis. *Ik kan niet uit ervaring spreken want ik heb die gemoedstoestand geen seconde ervaren. Ik zei altijd tot mezelf: Zelfs indien alles weg zou vallen, dat ene blijft, dat wij – arme en zwakke mensen – zijn werk mogen verder zetten en daardoor ons leven, denken en streven en al ons doen geheiligd wordt. Is dat niet voldoende, meer dan voldoende om tot ware vreugde, ware zaligheid en vrede te komen? En door op die manier zijn geestelijke nabijheid als een zekerheid te ervaren, heb ik nooit twijfel of geloofscrisis gekend.*

Misschien zullen jullie zeggen: "Dat is een veel te weinig deemoedige religieuze beleving, omdat men de verlosser als een gelijkberechtigde en niet als een deemoedige, gebroken mens vindt". Ik geloof dat nederigheid en deemoed vanzelf komen. Wie heeft niet ooit eens in de schaduw van een grote berg gestaan en heeft zich niet klein gevoeld? "Ik ben bij jullie alle dagen" – daarin ligt ook iets van "Ik ben bij jullie alle dagen om jullie klein te maken". Want wat doen wij voor hem, dat we het recht zouden hebben om ons zo te voelen dat we hem dienen? Jullie kennen allemaal de legende van de heilige Christoffel die een kind over een rivier moest dragen. Het werd steeds zwaarder en zwaarder tot het hem helemaal deed op de knieën gaan. Welnu, in dat "Ik ben bij jullie" ligt zo iets dat ons neerdrukt. Want wie hem nabij voelt, die wordt klein gemaakt door hem. Alleen wie hem nabij ervaren weten hoe onheilig en hoe zondig hun wil is. Ja, in alle eerlijkheid, alleen zij weten wat zonde betekent.

Tenslotte nog dit. "Ik ben bij jullie, om jullie te troosten en om jullie op te tillen uit de wereld en zijn beslommeringen". Wie de geestelijke gemeenschap met hem beleeft, wie vragen tot hem richt waarop een antwoord komt, die weet dat er niets op aarde is, geen ongeluk, geen zorgen, geen ellende, die groter zijn dan de troost die men van hem ontvangt. Zo heeft hij de leerlingen bemoedigd in tijden van vervolging en verlatenheid; in hun strijd en doodsnood konden zij hem horen zeggen: "Ik ben bij jullie". Staat er niet op elke bladzijde van de brieven van Paulus geschreven: "hij is met mij"? Jullie herinneren toch deze woorden: "Ik ben tot alles in staat door diegene die me krachtig maakt, Christus". – Zo komt ook de rijkdom van eindeloze troost over al wie in gemeenschap met hem leeft. – Zalig wie die gevonden heeft!

Gods goedheid jegens ons is een dermate groot geschenk dat men haar niet onverschillig mag aannemen.

Bibliografie

Arnold Matthieu, 2009, Albert Schweitzer et la Vie de Jésus. La place de la Geschichte der Leben-Jesu-Forschung dans son œuvre théologique et humanitaire, in Etudes théologiques et religieuses 84, p. 513-534.

Arnold Mathieu, 2013, Albert Schweitzer. Les années alsaciennes (1875-1913), Straatsburg.

Gräßer Erich - Zürcher Johann (red.), 1998, Straßburger Vorlesungen (Werke aus dem Nachlaß, vol. 2), München. In die postume bundel: Schlußvorlesung des Kollegs: Geschichte der Leben-Jesu-Forschung von Reimarus bis zur Gegenwart (29.7.1908), p. 524-531.

Luz Ulrich, 2013, Albert Schweitzer als Theologe, in Berlis Angela e.a. (red.), Albert Schweitzer. Facetten einer Jahrhundertgestalt (Berner Universitätsschriften), Bern, p. 63-86.

Schweitzer Albert – Bresslau Helene, 1992, Die Jahre vor Lambarene. Briefe 1902-1912, München.

Schweitzer Albert, 1906, Von Reimarus zu Wrede. Die Geschichte der Leben-Jesu-Forschung, Tübingen, 1906; Geschichte der Leben Jesu Forschung, Tübingen, ²1913 (gewijzigde en vermeerderde uitgave); (Gesammelte Werke, vol. 2), Berlijn, ⁶1971. Van het voorwoord, hoofdstuk 21 ("De oplossing van de consequente eschatologie") en hoofdstuk 25 ("Nabeschouwing") van deze zesde editie bestaat een Nederlandse vertaling (M. de Goeij) met inleiding en epiloog van de hand van de Nederlandse nieuwtestamenticus C.J. den Heyer, 1981, Jezus. Capita selecta uit Schweitzers theologie, Den Haag.

Schweitzer Albert, 1966, [3]1993, Straßburger Predigten, red. U. Neuenschwander (Beck'sche Reihe 307), München; Nederlandse vertaling door C.B. Burger (1980), Straatsburgse Preken, Den Haag.

Van Oyen Geert, 2008a, Albert Schweitzer: theologie beleven met hart en ziel, in Id. (red.), Albert Schweitzer voor het leven, Budel, p. 9-21.

Van Oyen Geert, 2008b, De betekenis van Albert Schweitzers Jezusboek, in Id. (red.), Albert Schweitzer voor het leven, Budel, p. 47-68.

Zager Werner, 2005, Albert Schweitzer und das freie Christentum. Impulse für heutiges Christsein, Neukirchen.

Filosoof in het oerwoud.
Schweitzers cultuurkritiek

Luk Bouckaert

In het leven van Schweitzer zijn er twee gebeurtenissen die op een diepe manier zijn leven getekend hebben. De eerste speelt zich af in het ouderlijk huis te Gunsbach in de Elzas op het moment dat hij eenentwintig is. De tweede situeert zich in het oerwoud in Afrika waar hij als veertigjarige een ervaring doorleeft van kosmische verbondenheid met al wat leeft. De eerste gebeurtenis bepaalt zijn radicaal sociaal en christelijk geïnspireerd engagement en zijn keuze om als arts naar Lambarene te trekken. De tweede vormt de basisinspiratie voor zijn ecologische ethiek die de naam krijgt van *Ehrfurcht vor dem Leben*. Heel zijn leven en filosofie worden in zeker zin gedragen door deze twee gebeurtenissen.

De keuze voor Lambarene

Tijdens het Pinksterverlof van 1896 verblijft Schweitzer te Gunsbach, in zijn ouderlijk huis. Hij is op dat ogenblik een jonge theologiestudent aan de universiteit van Straatsburg. Op een morgen overvalt hem de gedachte dat zijn talenten en zijn gelukkig leven niet iets vanzelfsprekend zijn of iets dat hij zich zomaar kan toe-eigenen. Hij ervaart ze als een onverdiende gift waarvoor je iets moet teruggeven. De idee blijft doorwerken en mondt uiteindelijk uit in het besluit om zich vanaf zijn dertigste te wijden aan puur humanitair dienstwerk. Pas acht jaar later, in 1904, wanneer hij de dertig nadert leest hij in een tijdschrift een oproep van de protestantse *Société des Missions* die medewerkers zocht voor equatoriaal Afrika. Dit was het gedroomde signaal, de kans om zijn belofte waar te maken.

Wanneer hij zijn keuze om geneeskunde te studeren en naar Afrika te trekken, aan zijn ouders, collega's en vrienden per brief bekend maakt, zijn allen ten zeerste verbaasd en ontgoocheld. Zij proberen de overspannen idealist om te praten. Waarom zijn werk als professor theologie, als predikant aan de Sint Nicolaaskerk en als getalenteerd musicus inruilen voor een duister en onzeker bestaan in Afrika? Alleen met zijn joodse vriendin en latere echtgenote Helene Bresslau heeft Schweitzer het keuzeproces gedeeld. Aanvankelijk verwerpt zelfs de *Société des Missions* zijn kandidatuur omdat hij als theoloog veel te liberaal was. Later wordt hij wel aanvaard op voorwaarde dat hij zich niet zou moeien met pastoraal en prediking. Voor Schweitzer is dit geen breekpunt. Hij wou precies als arts naar Afrika omdat hij er wou *werken zonder te spreken* (Schweitzer 1960:105). Geen gepraat *over* christelijke naastenliefde maar een directe beoefening ervan. In 1913 vertrekt hij met Helene Bresslau naar Afrika.

In zijn levenskeuze voor Lambarene vinden we een aantal elementen die tot de kern van Schweitzers filosofie behoren. Laat me er twee aanstippen. Vooreerst het besef een *schuld* te moeten inlossen. Het nogal beladen begrip van schuld komt wel vaker terug in zijn filosofie. Het gaat echter niet om een morele schuld ten gevolge van een fout of misstap maar om een metafysische schuld, die voortkomt uit het besef ontzettend veel gekregen te hebben. Reeds op de dorpsschool voelde Schweitzer zich tegenover heel wat vriendjes onwennig omdat hij in zijn ouderlijk huis zo veel meer kreeg dan zij hadden. Dit gevoel van onverdiend voordeel raakt en beweegt hem. De keuze voor Lambarene is in zijn perceptie geen heroïsche en altruïstische geste van liefdadigheid. Wel de inlossing van een schuld, een *Wiedergutmachung* en dus een elementaire daad van rechtvaardigheid. Tweede opvallend element in het keuzeproces is de spanning tussen zelfrealisatie en zelfopoffering. Schweitzer is een begaafde en ambitieuze jongeman. Als universitair student leest hij met meer dan gewone interesse het werk van Nietzsche. In diens streven naar authenticiteit en radicale zelfrealisatie erkent hij iets van zichzelf. De gelijkenis tussen beide is trouwens merkwaardig: de indrukwekkende snor, de moeilijk te controleren haardos, de Duitse filosofische ernst en de liefde voor de theatrale muziek van Wagner. Beide zijn zonen van een dominee met de vaardigheid om hun gedachten te verwoorden in spitsige aforismen. Meer inhoudelijk ontleent Schweitzer aan Nietzsche het inzicht dat de *Wil* meer dan het denken mensen beweegt. "In het begin is de daad" is een gevleugeld woord van Goethe dat Schweitzer graag citeert. Bij Nietzsche heet die dadenwil *Wille zur Macht*, bij Schweitzer *Wille zum Leben* en soms *Wille zur Liebe*. In *Also Sprach Zarathoustra* schrijft Nietzsche dat wanneer Zarathoustra zijn dertigste levensjaar bereikt heeft, hij zijn vaderland en het meer waar hij woonde verliet en vertrok naar de bergen. Het is een zin die Schweitzer bijna op het lijf geschreven is met dien verstande dat hij op zijn dertigste niet de bergen wil intrekken maar het Afrikaanse oerwoud.

De gelijkenis met Nietzsche is natuurlijk maar een halve waarheid. Voor de filosoof met de hamer moet de zelfrealisatie bevrijd worden van gevoelens van schuld, zelfopoffering en andere restanten van de christelijke slavenmoraal. Schweitzers keuze staat haaks op deze Nietzscheaanse verheerlijking van de vrije *Ubermensch*. Voor hem is zelfrealisatie gelinkt aan deze van anderen. Ze vergt offer en inzet voor anderen. Zelfopoffering is geen ascetisch doel op zich maar een doorleefde en bewuste wil tot dienstbaarheid. Schweitzer zal zijn levenslust en talenten niet begraven in het oerwoud. Integendeel. Op kleine bootjes laat hij zijn speciaal gebouwde piano met orgelvoetwerk samen met vele kisten boeken naar Lambarene slepen. Zijn 'opgeofferde' droom om als hoogleraar een fundamenteel werk te schrijven over cultuurfilosofie zal hij ver weg van de academische wereld in het oerwoud van Afrika realiseren. Jarenlang werkt hij gedurende de dag als arts om dan 's nachts te musiceren, een massa filosofische en theologische boeken te verslinden en gestaag te schrijven aan een vierdelig werk over cultuurfilosofie. Vanwaar die bijna fanatieke drang om een nieuwe cultuurfilosofie te schrijven?

Geboren in een periode van cultureel verval.

In tegenstelling tot vele van zijn en onze tijdgenoten is Schweitzer een groot bewonderaar van de Europese Verlichting en haar vertrouwen in de menselijke rede.

Verzaken aan het denken, is het failliet van de geest. In een tijdperk dat men het rationele en zelfstandig denken afdoet als belachelijk, waardeloos, verouderd en voorbijgestreefd, verklaar ik dat ik mijn vertrouwen stel in de rede (Schweitzer 2007:246).

De verlichtingsfilosofen hebben in de ogen van Schweitzer aan Europa en de wereld een ideaal van volwassen humanisme gegeven. Zij ontwikkelden een aantal principes die intellectuele en sociale vooruitgang mogelijk maakten. Schweitzer kent vooral (zo niet uitsluitend) de Duitse verlichtingsfilosofie die in tegenstelling tot de Franse haar band met de christelijke mensvisie behoudt. De protestant en piëtist Kant is voor hem de verlichtingsfilosoof bij uitstek. Tijdens zijn studies van theologie in Straatsburg had hij de kans gekregen om in de faculteit filosofie een doctoraatsthesis te presenteren over Kant 's opvatting van de religie. Het werd zijn eerste academische publicatie (1899). Maar ondanks al die bewondering voor Kant en de Duitse verlichtingsfilosofen moet hij toegeven dat hun impact op het reële leven vanaf de tweede helft van de negentiende eeuw verloren is gegaan. Hij constateert met een zekere gelatenheid dat hij geboren is in een tijdperk waarin de cultuur in verval is.

De voornaamste oorzaak van dit cultuurverval ligt voor Schweitzer in het falen van de filosofie. *Das Entscheidende war das versagen der Philosophie* (Schweitzer 2007:16). Hij verwijt de filosofie van zijn tijd dat ze zich opsluit in academisme en meer erudiete geschiedenis voortbrengt dan vormende reflectie. De filosofie is niet langer wat ze in wezen moet zijn: *een plaats waar het elementaire denken over mens, gemeenschap, volk, mensheid en cultuur plaats vindt en waar op natuurlijke wijze een filosofie van en voor het volk gecreëerd wordt die de openbare opinie beïnvloedt en die een zeker cultuurenthousiasme opwekt* (Schweitzer 2007:17). Hij pleit voor een 'Popularphilosophie'. Niet een consumptievriendelijke filosofie die de burger naar de mond praat. Wel een filosofie die recht laat wedervaren aan de doorleefde ervaring van mensen.

De levensvervreemding van de filosofie is trouwens reeds bij Kant zelf ingezet. Met ongemene scherpzinnigheid zoekt Kant naar de formele a priori principes die zowel ons theoretisch als moreel denken normeren. Met als gevolg dat de concrete en levende ervaring niet langer de primaire vindplaats van filosofisch inzicht is. Denken wordt abstract denken. Filosofen zoals Hegel en Fichte zullen daarna via grote speculatieve constructies proberen de band met de levende historische realiteit te herstellen. Maar tevergeefs. De werkelijke wereld in de tweede helft van de negentiende eeuw is door wetenschap en techniek ingehaald. Het intellectueel idealisme van de verlichtingsfilosofen wordt ingeruild voor *Realpolitiek*, wetenschappelijke feitenanalyse en instrumentele rationaliteit.

De burn-out van de verlichtingsfilosofie heeft voor Schweitzer verregaande gevolgen. Cultuur degradeert tot *entertainment* en consumptieartikel. Dit zijn niet exact de woorden die Schweitzer gebruikt maar het drukt uit wat hij bedoelt. Zonder intellectueel fundament – zoals de Verlichting er één had - is de cultuur niet in staat een project van duurzame menselijke vooruitgang te realiseren. Ze wordt weerloos, pessimistisch, cynisch, overgeleverd aan de waan van de dag en speelbal van allerlei nationalistische en fascistische stromingen. Schweitzer die twee wereldoorlogen heeft meegemaakt is erg pessimistisch over de Europese cultuur van zijn tijd. Of zoals hij het zelf uitdrukt: *Op de vraag of ik pessimistisch of optimistisch ben, antwoord ik dat mijn kennen pessimistisch is en mijn willen en hopen optimistisch* (Schweitzer 1960:265).

Schweitzer begint te schrijven aan zijn cultuurfilosofie op het moment dat de eerste wereldoorlog uitbreekt. Als Duitse burgers worden hij en zijn vrouw door de Franse koloniale autoriteit onder huisarrest geplaatst. Zo komt er echter tijd vrij om te schrijven. Na enkele maanden ziet de overheid in hoe onzinnig het is om de enige lokale arts een beroepsverbod op te leggen. Maar in 1917 krijgen de Schweitzers het bevel om terug te keren naar Europa en zich te begeven naar het gevangeniskamp in Garaison en later in Saint-Remy. Schweitzer vertrouwt zijn manuscript toe aan een Amerikaanse zendeling en zal dit pas veel later weer in handen krijgen. Tijdens zijn gevangenschap in Frankrijk zet hij zich echter opnieuw aan het schrijven. Het is dit laatste manuscript dat aan de basis ligt van zijn boek over cultuurfilosofie dat verscheen in 1923.

Het oorspronkelijk plan omvat vier delen. Deel één houdt zich bezig met cultuurkritiek: een analyse van het verval dat uitmondt in een wereldoorlog. Deel 2 zoekt naar een ethische grondslag voor de renaissance van de cultuur. De eerste twee delen zijn in 1923 samen gepubliceerd onder de titel *Cultuurfilosofie*. Het lot van deel drie en vier is niet zo duidelijk. Sommigen beschouwen zijn boek over de *Wereldbeschouwing van Indische Denkers* - dat in 1935 verscheen – als een invulling van deel drie. Het vierde deel zou handelen over de Cultuurstaat en de rol van de politiek maar is nooit uitgevoerd. Het panorama is groots. De belezenheid en eruditie van Schweitzer zijn al even indrukwekkend. Uit een analyse van zijn bibliotheek blijkt dat hij de meeste van de 8000 boeken uitvoerig geannoteerd en bewerkt heeft. Na de oorlog zal hij in 1919 zijn filosofie van *Eerbied voor het leven* aan het publiek presenteren, eerst tijdens een preek in Straatsburg maar daarna meer systematisch in een reeks lezingen aan de universiteit van Upsala in Zweden. Pas in 1924, na een onderbreking van 7 jaar, vertrekt Schweitzer opnieuw naar Lambarene maar dit keer wegens gezondheidsproblemen zonder zijn echtgenote. Lambarene moet helemaal heropgebouwd worden.

Schweitzers filosofie exploreert uiteraard een veelheid van thema's maar drie kernvragen vormen de ruggengraat van het werk: wat verklaart het falen van de Westerse filosofie? In welke mate biedt de Oosterse filosofie soelaas? En tenslotte, hoe en waarom kan 'eerbied voor het leven' het tij keren?

Waarom faalt de Westerse filosofie? We vernoemden al het feit dat voor Schweitzer de verlichtingsfilosofie filosofie verglijdt in een vorm van abstract denken waardoor ze vervreemdt van de concrete levenservaring. Maar op termijn is een tweede tekort nog fataler. De Westerse filosofie lijdt aan *antropocentrisme*. Zij hemelt de exclusieve positie van de mens zodanig op dat het onmogelijk wordt de spirituele eenheid van de kosmos te denken en te beleven. Door de mens absolute waardigheid en alle andere wezens slechts een relatieve en instrumentele waarde toe te kennen (zoals Kants categorische imperatief voorhoudt), is de spirituele eenheid van de mens met de kosmos, met planten, dieren en alle levende wezens verbroken. Deze breuk geeft aan de mens een ongehoorde vrijheid om met de wereld te experimenteren. Maar tezelfdertijd leidt ze tot een ongebreidelde exploitatie van de planeet en van onszelf als deel ervan. Het enige ethisch kompas dat ons rest is het individueel en collectief menselijk eigenbelang. De idee van de Schepping als gemeenschappelijk erfgoed van *alle* levende wezens wordt nog wel theoretisch beleden. Maar het is geen cultuurkrachtige idee meer. Evenmin is de theologie met haar dualistische opvatting van de wereld in een natuurlijke en bovennatuurlijke orde, in staat wetenschap, technologie en vooruitgang van binnen uit bezieling en oriëntatie te geven.[1] Door de wereld en de rede af te snijden van een spirituele kosmische eenheidservaring verschralen beide. De wereld wordt productie en consumptiemiddel. De rede versmalt tot een instrument voor exploitatie en rendement.

Tot zover Schweitzers pessimistische diagnose. Ze maakt wel duidelijk waarom hij zoveel belang hecht aan zijn filosofisch werk. Hij wil immers een doordacht antwoord op de prangende vraag: Hoe kan de mens een fundament voor vooruitgang vinden dat hem toelaat terug aan te knopen met zijn elementaire levenservaring en met een spirituele en kosmische eenheidsbeleving? In zijn zoektocht naar een antwoord confronteert hij zich heel uitvoerig met de Oosterse filosofie. Daar is de spirituele eenheidservaring nog vitaal aanwezig. Zijn liefde voor Oosterse filosofie dateert trouwens van zijn studententijd en de lectuur van Schopenhauer. Kan de Oosterse filosofie datgene bieden wat in de Westerse verloren is gegaan? Kort samengevat is zijn antwoord: ja maar dan toch maar gedeeltelijk.

In zijn boek *Die Weltanshauung der Indischen Denker (1935)/ Les grands penseurs de l' Inde* (1936) analyseert Schweitzer systematisch verschillende Oosterse filosofieën. De grondlijn van zijn verhaal is dat in de vele stromingen van het Indische en Oosterse Denken de spirituele eenheid met het AL als constante aanwezig is maar in de uitwerking een diepe tegenstrijdigheid bevat. Enerzijds wordt een

---

[1] Schweitzer bekritiseert de dualistische theologie die God beschouwt als Externe Oorzaak van de wereld. Hij pleit voor een monistische spiritualiteit die de eenheid van de kosmos uitdrukt en God als Interne Bron van deze eenheid denkt. Bij Spinoza en vooral in de Oosterse religies is deze eenheid veel sterker aanwezig. Schweitzer is dan ook door sommige theologen beschuldigd van pantheïsme.

weg uitgestippeld van wereldloochening, van zich terugtrekken uit de wereld, van niet-activiteit en van negatie van het ik. Anderzijds pleiten de spirituele meesters uit het Oosten voor een ethiek van compassie die dan weer een engagement in de wereld en een principe van actief handelen veronderstelt. Vooral in het Boeddhisme is volgens Schweitzer de tegenstrijdigheid duidelijk zichtbaar. Zo beschouwt de Boeddha de wereld als bron van lijden (de eerste nobele waarheid). Om aan dit lijden te ontsnappen moeten we ons volledig losmaken van deze wereld en van de cyclus van reïncarnaties die ons in de wereld gevangen houdt. Wereldloochening is dus essentieel om de bevrijding van de geest in het nirwana te bereiken. Anderzijds pleit de Boeddha voor een ethiek van universele compassie en van verbondenheid met al wat leeft. Zulk een ethiek veronderstelt dan weer een principe van wereldbetrokkenheid en actief handelen. Maar bij de Boeddha beperkt zich dit laatste tot het vermijden van geweld en schade. Wereldloochening haalt het op wereldbetrokkenheid. Nergens is er een verplichting tot *actief* engagement in de wereld. Een algemene geestelijke houding van compassie die in wezen tot niets concreets verplicht volstaat. Toch benadrukt Schweitzer dat het Indische en Oosterse denken steeds meer afdingt op het principe van wereldloochening ten voordele van de ethiek van mededogen. Met Gandhi krijgt de ethiek van het mededogen zijn volle actiegerichtheid en is *ahimsa* (principe van geweldloosheid) niet langer een vorm van rituele zuivering en wereldverloochening maar een weg van actieve inzet voor een andere wereld. Gandhi's *ahimsa* filosofie staat dan ook heel dicht bij Schweitzer's ethiek van *Ehrfurcht vor dem Leben*. Beide koppelen de kosmische en spirituele eenheidservaring aan een ethisch principe van actief engagement in de wereld.

Ehrfurcht vor dem Leben

Opnieuw even naar de autobiografie. Schweitzer vertelt hoe hij zijn mantra *Ehrfurcht vor dem Leben* ontdekt heeft tijdens een tocht op de Ogowe rivier. Hij had in die periode het gevoel dat zijn cultuurfilosofie in het slop zat. Er waren meer vragen dan antwoorden. Toen hij als arts opgeroepen werd om de vrouw van een zendeling bij te staan, moest hij daarvoor een tocht van 200 km op de Ogowe rivier ondernemen. Tijd genoeg om te piekeren. Maar op de derde dag van de reis met het tanend licht van de zonsondergang en het passeren van een groep nijlpaarden, overvallen hem de woorden *Ehrfurcht vor dem Leben.*[2] Voor Schweitzer is het een flits van diepe ervaring en inzicht. Hij heeft het fundament voor een vernieuwing van de cultuur en de ethiek gevonden. Later vat hij die ervaring samen in de zin *ik ben leven dat leven wil, te midden van leven dat leven wil.*

Voor Schweitzer verwoordt die zin een elementair uitgangspunt. Iets gelijkaardigs als het beroemde *Je pense, donc je suis* van Descartes in de zeventiende eeuw. Maar waar Descartes met zijn denkexperiment de zekerheid van het rationele denken en de idee van de natuur als uitgebreidheid (*res extensa*) tot fundamenten van de moderne cultuur verheft, opent voor Schweitzer de ervaring van de *levenswil* in onszelf maar ook in de natuur een heel ander cultuurperspectief. Eerbied voor het leven drukt drie samenhangende intuïties uit. Vooreerst de verwondering *ik ben leven*. Ik ben geen ding en geen robot. Het leven is een mysterie dat mij gegeven is en waar ik nooit helemaal klaar mee ben. Ten tweede: leven is willen leven. *Ik ben leven dat leven wil.* Mijn leven is geen passief gegeven maar een bron van engagement en innerlijke zelfontwikkeling. Schweitzers filosofie en ethiek hebben een sterk

---

[2] Achteraf blijkt dat hij de uitdrukking *Ehrfurcht vor dem Leben* al eens in 1912 in zijn lessen als professor theologie te Straatsburg gebruikt had. Maar op de Ogowe rivier krijgt het begrip de betekenis van funderend beginsel van heel zijn filosofie.

voluntaristisch karakter. En ten derde. *Ik leef te midden van leven dat leven wil.* Mijn leven is onlosmakelijk verbonden met alle leven. Leven vormt een materiële en spirituele eenheid. Leven is solidaire zelfrealisatie. Omwille van deze verbondenheid ben ik ook verantwoordelijk voor de maximale ontplooiing van alle andere levensvormen.

Samengevat: eerbied voor het leven vereist een persoonlijke en doorleefde bewustwording van het bestaan als mysterie en als opdracht tot solidaire zelfrealisatie. Eerbied voor het leven is geen abstract principe of een regel. Het is een funderende ervaring die ons denken en handelen oriënteert. Schweitzer is erg kritisch tegenover Kant waar die meent dat we op basis van algemene regels een ethiek kunnen funderen. *De ethiek is geen park met volgens plan aangelegde en goed onderhouden wegen. Zij is een wildernis waarin elk zijn eigen pad zoeken en banen moet* (Schweitzer 2007:154).

Om toch enigszins de originaliteit en de consequenties van het existentieel beginsel 'eerbied voor het leven' weer te geven, verbind ik er enkele kenmerken aan die Schweitzer her en der ter sprake brengt. Eerbied voor het leven is een elementair, universeel, actiegericht, ethisch, absoluut en spiritueel beginsel. Op zich zeer algemene kenmerken maar die in de context van Schweitzers filosofie een eigen concrete betekenis krijgen.

(1) *Elementair.* Een levensnabije filosofie moet een eenvoudig en krachtig uitgangspunt hebben dat voor elke mens toegankelijk is. Het gemis aan dergelijk uitgangspunt is één van de redenen waarom in zijn ogen de verlichtingsfilosofie op een bepaald moment haar cultuurenergie verloren heeft en is opgegaan in academisme.

(2) *Universeel.* Ook planten en dieren belichamen een wil tot leven en verdienen daarom ons respect. Schweitzer weigert een principieel onderscheid te maken tussen hogere en lagere

levensvormen. Elk leven – van hoog tot laag – heeft in zich een intrinsieke waarde en schoonheid en verdient dus onvoorwaardelijke eerbied. Het maakt niet uit of het een spin is, een nijlpaard, een bloem of een mens. Wie a priori een hiërarchie instelt, eindigt met de exploitatie en de vernietiging van de zogenaamd lagere levensvormen. Alleen in concrete situaties moeten we op basis van onderscheiding en afweging onvermijdelijke keuzes maken en de ene vorm van leven boven de andere stellen. Dit impliceert dat de mens niet automatisch de voorrang krijgt. De jeugdige Schweitzer sympathiseert met de opkomende beweging voor dierenbescherming. Hij gaat mee in het verzet tegen stierengevechten, roept op om onnodige experimenten met dieren in laboratoria te schrappen en hekelt het plukken van bloemen om ze in vazen te laten verwelken. Vanaf zijn kinderjaren had hij een bijna scrupuleuze angst om dieren pijn te doen. Later zoekt hij inspiratie in Gandhi's filosofie van de geweldloosheid, de Franciscaanse ecologie en in de natuurmystiek van Tolstoj en Goethe.[3] Schweitzer is met zijn universeel principe van eerbied voor het leven een van de vaders van het diepe ecologisch denken.

(3) *Actiegericht.* Eerbied voor het leven vergt concreet actief engagement. Of zoals Schweitzer het uitdrukt: Iedereen heeft zijn eigen Lambarene! Een houding van berusting zoals het stoïcisme voorstelt of van pure ascetische onthechting zoals sommige mystieke tradities in Oost en West voorhouden is voor Schweitzer wel waardevol maar onvoldoende. Pas door moeizame arbeid, rationeel denken en reële inzet kan de hogere levenswil zich effectief in ons ontplooien. Maar actief zijn is niet hetzelfde als activisme. Schweitzer waarschuwt

---

[3] Het is geen toeval dat hij naast vele andere prijzen ook de prestigieuze Goethe prijs ontving voor zijn oeuvre.

uitdrukkelijk voor de plaag van het *überschäftigt sein*. Een drukke agenda is op zich geen probleem (in ieder geval voor Schweitzer niet). Ze wordt pas een probleem als anderen haar dicteren. Als we ons voortdurend afstemmen op wat anderen willen of wat we denken dat ze willen, vervreemden we van ons eigen leven. Drukte die voortkomt uit de eigen wil en uit een bewust gekozen levensideaal, heeft een heel andere dynamiek. Ze verbindt ons met onze diepere levenswil en vormt ons tot een ethische persoonlijkheid. *De diepste innerlijke vrijheid van de wereld is die, waarnaar de mens streeft om een ethische persoonlijkheid te worden en als zodanig de wereld te dienen* (Schweitzer 2004:533).

(4) *Ethisch.* Het klinkt paradoxaal, maar onze liefde en ons respect voor de natuur halen we niet louter uit de natuur. In de natuur heerst een harde overlevingsstrijd. De een zijn dood is de ander zijn brood. Blijkbaar halen wij het besef dat we de natuurwetmatigheid van *struggle for the fittest* moeten en kunnen overstijgen uit een andere bron dan de natuur als feitelijk gegeven. Op het moment dat we onszelf ervaren als *morele wezens* en niet louter als *natuurwezens* ontwaakt de oproep om alle leven onvoorwaardelijk te eerbiedigen. De morele wet 'ge zult niet doden', stelt ons voor moeilijke zo niet onmogelijke keuzes. Schweitzer beschrijft op naïeve en ontroerende wijze hoe hij als arts niet anders kan dan virussen en bacteriën doden om mensen te genezen. Als er teveel katten rondlopen in het dorp moet hij zelf uit noodzaak een aantal kattenjongen op een pijnloze manier uitschakelen. Planten en dieren hebben geen last van deze morele utopie. Op dit punt onderscheidt de mens zich van de andere levensvormen. Maar dat betekent niet dat we onszelf daarom een hogere hiërarchische status moeten toemeten dan andere wezens. Wel dat we een grotere morele verantwoordelijkheid hebben.

(5) *Absoluut.* Hier raken we een kernpunt in Schweitzers filosofie. Als bewoner van de fysieke wereld zijn we gericht op de noodzaak om te overleven, als bewoner van de geestelijke en morele wereld worden we opgeroepen om het leven onvoorwaardelijk te eerbiedigen. In de onvermijdelijke tweespalt tussen beide schuilt tragiek en onmacht. Zoals gezegd: we mogen niet doden maar kunnen vaak niet anders dan leven vernietigen. We moeten ons vaak tevreden stellen met halfslachtige compromissen waarbij we de schade beperken. Het radicale bij Schweitzer ligt echter hierin dat ondanks het feit dat we het principe van onvoorwaardelijke eerbied voor het leven nooit helemaal kunnen toepassen, wij dit toch als een *absoluut* beginsel voor ons handelen moeten beschouwen. We mogen het principe niet afzwakken tot een *relatief* of voorwaardelijk beginsel. Een compromis op het niveau van het principe is fout. Zo verzwakken we de ethiek tot een aanpassing aan bestaande normen en gewoonten. Wat we wel moeten doen is accepteren dat aan onze compromissen waarbij we uit *noodzaak* geweld gebruiken, altijd een zekere schuld kleeft (Schweitzer 2011:77). Schuld is niet noodzakelijk pathologisch. Het is een morele sensor die ons gevoelig maakt voor morele vooruitgang. Schweitzer verzet zich tegen onze neiging om ons voortdurend vrij te pleiten van alle schuld. *Het goede geweten is een uitvinding van de duivel.* Ethiek dient niet om ons feitelijk gedrag goed te praten maar om ons uit te dagen, grenzen te verleggen en nieuwe toekomstidealen te creëren. Ook hier is duidelijk het voluntarisme van Schweitzer merkbaar.

(6) *Spiritueel.* Schweitzer gebruikt bij voorkeur het woord mystiek. Eerbied voor al wat leeft verbindt ons niet alleen met onszelf als geestelijk en moreel wezen. Het verbindt ons ook met de Bron waaruit de oneindige diversiteit van levensvormen ontspringt. De diversiteit van levensvormen wekt in ons

onvermijdelijk de gedachte van eenheid en oorsprong. *Door bewust te worden van de solidariteit met alle wezens en deze solidariteit in praktijk om te zetten, komen wij, en dit is de enige weg, tot een werkelijke communie met het oneindige Zijn waartoe alle wezens behoren.* Ethiek als eerbied voor alle levensvormen voedt de mystiek als *communie met de Zijnsgrond.* (Schweitzer 2004:256).

In zijn filosofie onderscheidt Schweitzer twee vormen van mystiek. In de *mystiek van de identiteit* streeft de individuele geest naar een directe vereniging met het goddelijke. Daarin speelt de ethiek een vrij ondergeschikte rol. De focus ligt dan op individuele vervolmaking. Maar Schweitzer pleit voor een andere weg die hij de *ethische mystiek* noemt. Via het actieve leven van inzet en mededogen komen we op een indirecte wijze in contact met de Bron van het Leven. Voor Schweitzer is dit de weg die Jezus in zijn Bergrede voorhoudt.

In dit verband is het interessant op te merken hoe de filosoof en de christelijke theoloog in Schweitzer in de mystieke ethiek elkaar vinden. Hoe verscheiden ook, filosofie en geloof leiden geen aparte levens. Als filosoof kijkt Schweitzer kritisch naar de religie en toetst haar geloofwaardigheid aan het ethisch kompas van de eerbied voor het leven. Anderzijds voedt hij zijn filosofische reflectie met de boodschap van het evangelie die de grenzen van liefde en mededogen verlegt. Schweitzer behoort tot die liberale en vrijzinnige strekking in het protestantisme die krediet geeft aan de werking van de Geest. Die laat zich niet opsluiten binnen de grenzen van bestaande religies. Vandaar zijn grote zin voor een kritische dialoog met alle wereldreligies en met niet-gelovigen.

Heldere Bron

De keuze om dit jaar Schweitzer in onze reeks 'Heldere Bronnen' op het voorplan te plaatsen is een bijzonder zinvol toeval. Schweitzer realiseert immers op een profetische manier datgene waar SPES - dat dit jaar zijn vijftienjarig bestaan viert - voor staat. Drie raakpunten zijn daarbij opvallend:

Vooreerst *de hoop*. Schweitzers filosofie van het actieve levensengagement is een pleidooi om in alles wat we doen bewust te kiezen voor toekomst en vooruitgang. Een toekomst die niet zomaar van buitenaf op ons afkomt maar die wij van binnen uit moeten ontsluiten. Chris Doude Van Troostwijk schreef een heel mooi boekje over *Leven met Albert Schweitzer* en gaf het als ondertitel: *Pleidooi voor een mystiek levensoptimisme*. Door de band te leggen tussen eerbied voor het leven en levensoptimisme, ontsluiten we in onszelf een bron van hoop.

Het tweede raakpunt is het *personalisme*. Het personalisme is een actiegerichte filosofie die vertrekt vanuit een visie op de mens als relationeel en spiritueel wezen. Schweitzer heeft ons op dit punt veel te bieden. Wat hij aan het vertrouwde personalisme toevoegt is de betekenis van diepe ecologie. De haast exclusieve focus van de klassieke personalisten op de inter-menselijke relaties vult hij aan met het ecologisch relatieweb van de hele kosmos.

Het derde raakpunt is de openheid voor *inter-levensbeschouwelijke dialoog*. Schweitzer beoefende een actief pluralisme *avant la lettre*. Hij heeft met zijn analyses van de wereldgodsdiensten en van de Oosterse en Westerse filosofie een m.i. tot nu toe ondergewaardeerde bijdrage aan het religiedebat geleverd.

Kortom, Schweitzer is voor de vrienden van SPES een uitzonderlijke *compagnon de route*.

Bibliografie

Arnaut Robert, 2009, Albert Schweitzer. L'homme au-delà de la Renommée Internationale, Editions de Vecchi, Paris.

Doude van Troostwijk Chris, 2013, Leven met Albert Schweitzer. Pleidooi voor een mystiek optimisme. Meinema, Zoetermeer.

Rud A.G., 2011, Albert Schweitzer's Legacy for Education. Reverence for Life. Palgrace, Macmillan, New York.

Schweitzer Albert, 1899/1990, Die Religionsphilosophie Kants von der Kritik der reinen Vernunft bis zur Religion innerhalb der Grenzen der blossen Vernunft, Georg Olms, Hildesheim.

Schweitzer Albert, 1923/2007, Kulturphilosophie (Band I: Verfall und Wiederaufbau der Kultur; Band II: Kultur und Ethik), Verlag C.H.Beck, München.

Schweitzer Albert, 1936/2004, Les grands penseurs de l'Inde, Payot, Paris.

Schweitzer Albert, 1960, Ma vie et ma pensée, Albin Michel, Paris.

Schweitzer Albert, 1994, A Treasury of Albert Schweitzer (edited by Thomas Kiernan), Gramercy Books, New York.

Schweitzer Albert, 2002, Das Christentum und die Weltreligionen, Verlag C.H.Beck, München.

Schweitzer Albert, 2008, Die Ehrfurcht vor dem Leben. Gründtexten aus fünf Jahrzehnten. Verlag C.H.Beck, München.

Schweitzer Albert, 2011, Ehrfurcht vor den Tieren, Verlag C.H.Beck, München.

Fingerspitzengefühl.
De eenheid van muziek en ethiek

Chris Doude van Troostwijk

Inleiding: Schweitzer in Zwolle

Albert Schweitzer was, zegt men wel, "een man van de wereld." Natuurlijk denkt men dan aan de Elzasser en zijn liefdadigheidsproject in Lambarene, in het huidige Gabon. Schweitzer was echter ook een reiziger. Was hij, vanuit Afrika, enige maanden in Europa, dan benutte hij die tijd voor concerttournees. Engeland, Zwitserland, Duitsland, de Scandinavische landen, maar vooral ook Nederland werden door hem gefrequenteerd. Het programma was steevast hetzelfde: een orgelconcert, gevolgd of voorafgegaan door een lezing over Lambarene en de filosofie van de "eerbied voor het leven". Over die tournees zijn we behoorlijk goed ingelicht. Gedurende zijn leven hield Schweitzer een becommentarieerde agenda bij. De rommelige blaadjes worden bewaard in het Schweitzer-archief in Gunsbach. Toen ik mij voorbereidde op een lezing over Schweitzer in Zwolle, ter gelegenheid van de nationale orgeldag aldaar gehouden (13 mei 2013), trof ik er bijvoorbeeld de volgende aantekening.

Dienstag 10 Mai 1932, 20 Uhr, Zwolle Groote Kerk of St. Michael. Gross & herllich. Gute Akustik.

Hat geschrieben mit Pfarrer Dr. Horries de Haas. Will auch Vortrag eventuell Lambarene (soll vor Concert 10 Minuten sprechen).

Soll logieren bei Pfarrer Horeus de Haas (Brief von Mai 32). Socialdemokrat. Adres: Groot Weezenland 1.

En dan volgt een beschrijving van het Schnitger-orgel (restauriert 1885), de namen van de dirigent van de *Statischen Musikschule* – Brinkmann - en van de plaatselijke organist – Willemier (moeilijk leesbaar). Het concert van Schweitzer was er een in een Europese tourneeserie, die begon in de Elzas om via Duitsland, Nederland te eindigen in Engeland. Je zou bijna zin krijgen om een reis terug in de tijd te maken en ze allemaal bij te wonen. Dan moet je wel over volharding beschikken, want Schweitzer hield niet van lummelen. Zijn concertagenda geeft er blijk van:

> 2 mei, Dom Utrecht, 5 mei Deventer (radio, 5 mei Zutphen Walburgkerk, 7 mei Leeuwarden, Groote Kerk, 9 mei Groningen A-kerk, 10 mei Zwolle Grote Kerk, 11 mei Arnhem Eusebiuskerk, 12 mei Deventer, Grote Kerk, 17 mei Naarden, Grote kerk, 18 mei Apeldoorn Grote kerk, 19 mei Amsterdam Oude kerk etc.

Overigens, het zou niet veel zin hebben ze allemaal bij te wonen. Op enkele variaties na, speelde Schweitzer steeds hetzelfde programma. Beginnende met Bach, een Toccata en een Fuga, of een Prelude en een Fuga, en eindigend met iets romantisch Mendelsohn of ook Charles-Marie Widor en Cesar Franck. Schweitzer bereidde overigens zijn concerten zorgvuldig voor. Zijn precisie heeft in Zwolle zijn effect gehad, zoals blijkt uit de recensie van 11 mei 1932 in de Zwolsche Courant:

Met de diepsten eerbied en bewondering zijn wij gisteravond getuige geweest van de ontzagwekkende muziekprestaties van den 'Übermensch' Albert Schweitzer. Deze driewerf gedoctoreerde geleerde, philosoof en orgelkunstenaar heeft zooals men weet de eervolste aanbiedingen van de hand gewezen, om zijn gigantische moreel en intellectueele krachten geheel ten dienste te stellen van een grootsche philanthropische gedachte. Hoe duidelijk sprake ook gisteravond uit zijn orgelspel de macht van zijn immensen geest! Wie had ooit kunnen denken, dat iemand in staat zou zijn de schijnbaar zoo ingewikkelde muziek van Bach met zulk een klaarheid en eenvoud te vertolken! We weten maar al te goed, welke zware eischen deze muziek aan den speler stelt, maar och, wie zou ook maar een oogenblik vermoeden, dat de techniek een hinderpaal kon zijn, nu alles zoo vanzelfsprekend, zoo innig mooi gespeeld, als hemelsche muziek de ziel verrukte! Alles was even gaaf en doorzichtig in de voordracht. Was het niet of men werd opgenomen en meegevoerd door dezen vloed van bovenaardsche klanken?

Wat opvalt in de recensie, is de uitdrukking "opgenomen en meegevoerd worden door de vloed van bovenaardsche klanken". Schweitzers bedoeling met concertreizen was niet alleen caritatief. Het ging hem niet alleen om het geld voor Lambarene. Bach spelen voor publiek, dat was voor Schweitzer een spirituele gebeurtenis, een gesprek van ziel tot ziel, een communicatie van de ene wil tot leven met de andere. Muziek en geëngageerde spiritualiteit, esthetiek en ethiek, zijn bij Schweitzer één.

Het tekort van Kant en Jezus

Die esthetisch-ethische eenheid hoeft niet te verbazen, als we kijken naar Schweitzer's levensverhaal (Schweitzer, 1924 en 1929). Geboren in 1875 in Kaysersberg in de Elzas, kwam hij als domineeszoontje al snel op het kerkorgel terecht en raakte eraan verslingerd. Belangrijker is dat hij tijdens zijn leven de juiste personen ontmoette. Zo kreeg hij al aan het einde van zijn gymnasiumtijd les van de beroemde Charles-Marie Widor in Parijs, en van de virtuoze Liszt-leerlinge en muziekpedagoge Marie Jaëll. Als hij dan theologie gaat studeren in het dan Duitse Straatsburg, stort hij zich in het bijzonder op de filosofie. Dat betekent, in die context, op de neo-Kantiaanse traditie van de zogeheten Badense school. Zijn leermeesters, Windelband en Ziegler, trachtten het kritische denken van Kant te verdiepen, enerzijds door het tot eenheid te brengen – het probleem in Kants denken zijn de breuklijnen tussen kennistheorie en ethiek, en tussen ethiek en esthetiek - en anderzijds door de formele Kantiaanse filosofie te laten rijmen met de historische en psychosociale ervaringen van concrete mensen.

Op een dag vraagt de genoemde Theobald Ziegler (1846-1918) hem, op de trappen van de gloednieuwe *Kaiser Wilhelmsuniversität* in Straatsburg, in 1898 of hij geïnteresseerd is in een promotiebeurs voor de Sorbonne. De dissertatie moet dan wel gaan over Kants wijsbegeerte van de religie.[1] Schweitzer neemt de uitnodiging met beide handen aan. Hij hield van Parijs, kwam er regelmatig voor

---

[1] Over de invloed van Ziegler op Kant, schreef ik de bijdrage Maîtres du Devoir. Albert Schweitzer, lecteur d'Emmanuel Kant, élève de Théobald Ziegler, in: Benoît Wirrmann, Jean-Paul Sorg, Albert Schweitzer, Entre les lignes. Strasbourg: Bibliothèque Nationale et Universitaire, 2015, pp.113-128. Voor een wat dieper gravende studie over Schweitzers neokantianisme, verwijs ik naar Weniger Konsequent aber tiefer, la dissertation d'Albert Schweitzer comme déconstruction de la philosophie kantienne de la religion, in: Robert Theis (éd.), Kant, théologie et religion. Paris: Vrin, 2013, p. 381-389. Daarbij aansluitend staat te verschijnen: L'influence de l'esthétique kantienne sur Albert Schweitzer, in: Revue d'Histoire et de Philosophie Religieuse. Strasbourg, 2016, N°4.

zijn orgellessen en om zijn geliefde tante Mathilde, een deftige dame, te bezoeken. En nu zou hij er ook kunnen gaan wonen!

Behalve de filosofie, en het vooruitzicht om in een wereldstad te wonen, stel ik me voor dat het vooral de muziek was die hem ertoe bewoog Zieglers voorstel met beide handen aan te nemen. Dat betekent niet dat de promotie bijzaak was. Hij zou er gewoon een dubbelleven leiden. Schweitzer beschrijft hoe hij overdag musiceerde met Widor en anderen, om 's nachts - tegen de slaap - zijn blote voeten in een bakje koud water te stoppen en zich volledig aan de Kant-studie over te geven. Muziek en filosofie gingen hand in hand. Schweitzers eerbied voor Kants innerlijke ethisch-religieuze drijfveer is groot. Hij bewonderde Kant vanwege zijn *categorische* imperatief, de leer over de plicht die de mens heeft om het goede te doen. Kants 'heilige plicht' heeft zijn ziel blijkbaar diep geraakt, want een jaar later is het proefschrift al klaar. Eén jaar, 350 pagina's! Maar na die intensieve periode van een uiterst precieze analyse van Kants denken over de religie, is Schweitzer enigszins teleurgesteld in de meester uit Koningsbergen. Veel teveel hoofd, veel te weinig daadwerkelijk engagement met de wereld. De grote fout van Kant is voor Schweitzer dat hij uit een filosofische kennis van de wereld, uit een wereldbeschouwing, meende een ethiek te kunnen afleiden. Maar teveel hoofd is een blokkade voor de handen! Het gaat niet om visies op de wereld; het gaat erom jouw *wil* om het goede te doen te realiseren in de wereld. Theorieën maken je geen betere mens! Maar wat dan wel?

Na zijn proefschrift in de filosofie, doet hij nog een intellectuele poging om klaarheid te krijgen over de innerlijke plicht die hem beweegt. Kant kwam niet verder dan de vrijheid te definiëren als de louter formele rationele voorwaarde voor de ethiek. Schweitzer wil begrijpen hoe het mogelijk is dat ik ethisch *handel*. Wat beweegt me ertoe om me in te zetten voor de wereld? Is er soms te leren van Jezus? Uiteindelijk is zijn Pinksterbesluit van 1896 om vanaf zijn dertigste zijn academisch leven in te ruilen voor een concreet geëngageerd leven in dienst van de mensheid evangelisch gemotiveerd. Maar zijn visie op Jezus kreeg een heel eigen signatuur. Na zijn filosofische proefschrift, bestudeerde Schweitzer het Nieuwe Testament. Opnieuw een teleurstellende ervaring. Jezus' geloof kunnen we als moderne mensen niet zonder meer overnemen. Jezus geloofde in het aanstaande einde van de wereld, in het *eschaton*, dat het Koninkrijk Gods op aarde zou brengen. Wij weten dat hij het bij 't verkeerde eind had.

De les van de muziek: het primaat van de Levenswil

Een begin van antwoord op zijn vraag naar de grondslag van de ethiek heeft Schweitzer uiteindelijk gevonden, niet in de theologie, niet in de filosofie, maar in de muziek. Dat kunnen we opmaken uit een zeer persoonlijke voetnoot die Schweitzer aan de publieksuitgave van zijn proefschrift over Kant heeft toegevoegd. Zijn docent, de organist en componist, prof. Charles-Marie Widor legde hem ooit uit, zittend op de orgelbank van de St. Sulpice in Parijs, dat ritme de uitdrukking van de aan de tijd opgelegde menselijke wil is.[2] Met zijn wil zet de mens de tijd en de realiteit naar zijn hand. Musiceren is een exercitie van de wil. Musicus is degene die het gevecht met de werkelijkheid aangaat door de tijd in de door hem gewilde eenheid van tempo en ritme te voegen. Ritme is in tijd uitgedrukte wilsenergie! En wat is die wilsenergie anders, moet je je afvragen als je vooruitkijkt naar de latere Schweitzer, dan het leven zelf? Musiceren is een vorm van intensief leven.

Nu heeft Schweitzer zijn thematiek gevonden en bevestigd gekregen door zijn meester Widor. Het is het inzicht in de

---

[2] De opmerkelijke voetnoot is te vinden in Schweitzers Die Religionsphilosophie Kants. Hildesheim-Zürich-New York, 1990, p. 265. Schweitzer heeft in een later artikel explicieter verband gelegd tussen Widors opvatting over de levenswil en zijn eigen Bach-interpretatie, zie: Briefe und Erinnerungen an Musiker. Bern und Stuttgart, 1989, p. 18-20.

primordialiteit, niet van het *denken*, maar van het *willen*. De denkende filosoof en theoloog heeft zich gerealiseerd in de willende musicus. Na de concerten in Leeuwarden en Groningen, op respectievelijk 7 en 9 mei 1932, vat de journalist J. IJntema van de Leeuwarder Courant Schweitzers levensthematiek treffend samen.

Schweitzer is zoo veelzijdig dat hij een drie-, een vierdubbel mensch schijnt te wezen. Wij willen toch de eenheid, de persoonlijkheid. Waar ligt de sleutel tot het begrijpen van dezen mensch? In zijn wil. Wanneer Schweitzer schrijft over de beteekenis van Jezus voor onzen tijd, dan zegt hij, dat Jezus voor ons niet kan wezen gezaghebbend op het terrein van kennis en wereldbeschouwing, doch uitsluitend op het gebied van de wil. Wij vragen niet: wat eist Jezus? , doch enkel: wat wou Jezus? Bij het begrijpen van Jezus gaat het om ein Verstehen von Wille zu Wille. Jezus wilde enkel buigen voor den wil van God. En dat wil ook Schweitzer.

Alles is uitdrukking van een Almachtige Wil, een Levenswil zegt Schweitzer met Nietzsche, die het totale Zijn als een grote energiestroom doorwoelt. Mijn wil is niet anders dan een aspect van deze almachtige Wereldwil, mijn leven niet anders dan een aspect van het alomvattende kosmische Leven. Schweitzers latere ethische devies: *Eerbied voor het Leven* is erop gebaseerd. De formule is een samenvatting van de constatering die Schweitzer, tijdens een boottocht in het oerwoud, in 1915 te binnen schoot: "ik ben leven dat leven wil temidden van leven dat leven wil." Ik wil leven net als alles om mij heen. Daarom ben ik net zo verantwoordelijk voor het leven van anderen, van mensen, maar ook van dieren en planten, als voor mijn eigen leven. Vraag je bij alles wat je doet steeds af of je er het leven, dat je ontmoet, mee kunt dienen, helpen, sterker maken, bevorderen. In zijn autobiografische teksten doet Schweitzer het voorkomen alsof de formule hem als een openbaring werd gegeven. We weten nu echter dat ze een lange

incubatietijd heeft gekend. Schweitzers wilsethiek is in zijn
muzikale ervaring en gevoeligheid geboren. Als musiceren betekent
je wil opleggen aan de werkelijkheid, dan impliceert dat tegelijk
verantwoordelijkheid.

Marie Jaëll: Raken aan de Eenheid van het leven[3]

Behalve Widor, heeft vooral ook zijn pianodocente en
muziekpedagoge Marie Jaëll Schweitzers visie op de wil verdiept.
Schweitzer was diep onder de indruk van deze vrouw, net als hij
van Elzassische komaf. Jaël had een eigen piano-methode
ontwikkeld. Die wilde ze ook wetenschappelijk toetsen. Zo werd
Schweitzer, behalve haar leerling, ook haar proefkonijn. Samen met
de medisch-fysioloog Charles Féré (1852-1907) ondernam Marie
Jaëll experimenten, en analyseerde vingerafdrukken die
verschillende testpersonen achterlieten op de pianotoetsen. Daaruit
bleek dat klassiek getrainde amateurpianisten wat betreft
vingervlugheid en nauwkeurigheid achterlagen bij ongeoefende, ja,
zelfs bij verstandelijk beperkte proefpersonen! Al dat klassieke
geploeter en ge-oefen hadden blijkbaar een averechts effect! Jaëlls
methode daarentegen was effectief en ontspannen. Ze beoogde
zonder onnodige moeite, toch grote virtuositeit en, bovendien
verdiepte muzikaliteit. Liever tweemaal per dag een halfuur
oefenen, dan eenmaal een uur. En zeker niet meer dan twee uur
per dag! Voor het ambitieuze multi-talent Schweitzer was deze
tijdsbesparing een welkom evangelie.

Enthousiast maakte hij dan ook een – overigens anonieme –
vertaling van Jaëlls pianopedagogische oefenboek: *Der Anschlag.
Neues Klavierstudium auf physiologischer Grundlage* (1899).[4] Voor Jaëll is

---

[3] Zie ook het betreffende hoofdstuk in mijn boekje Leven met Albert Schweitzer:
Pleidooi voor mystiek, optimisme. Zoetermeer : Meinema, 2013.
[4] Oorspronkelijke titel: Marie Jaëll, Le Toucher: Enseignement du piano basé sur
la physiologie. 3 vol., Paris, Costallat – Leipzig : Breitkop & Härtel, 1899.

het geheim van pianospelen de beheersing van de aanslag (het *toucher*). Die bereik je door een gelijkmatige verdeling van de energie over de vingers. Fysiologisch gezien vereist elke vingerbeweging een afzetpunt dat zich niet alleen in de hand, maar ook in de onderarm, de bovenarm en de schouders kan bevinden. Door aandacht voor juiste spierspanning en bewust doorademen kan ieder mens een vloeiende en heldere speldynamiek ontwikkelen. Bovendien meent Jaëll dat de klassieke methode zich ten onrechte alleen op het moment van het aanslaan, niet op de voorbereiding ervan had gericht. De artiest zou daarentegen juist moeten anticiperen: vooruitdenken, de juiste spierspanning voorbereiden én in gedachten de gewenste tonaliteit al horen. Bij een van haar oefeningen moest de pianist met de linkerhand regelmatig proberen te spelen en onderwijl met de rechterhand vloeiende golflijnen op een papier trachten te tekenen. Slaagde hij erin, dan bleek zijn aanslag perfect geworden te zijn. 'Deze oefeningen bewerken de vervolmaking van de vinger- en de hersenactiviteit. Ze nodigen uit tot handelen en denken tegelijk,' schreef Jaëll in haar oefenboek. In zijn vertaling laat Schweitzer deze twee woorden, denken (*Denken*) en handelen (*Aktion*) vet afdrukken: het zullen de twee kernwoorden worden in zijn spiritualiteit van het leven.

Ook al kun je niet stellen dat Schweitzer zijn visie op leven en ethiek te danken heeft aan de bespiegelingen van zijn pianodocente, een zielsverwantschap tussen beiden kun je evenmin ontkennen. Dat blijkt uit *L'intelligence et le rythme*, het curieuze werkje van Marie Jaëll, dat de filosofische achtergronden geeft bij bovengenoemd oefenboek.[5] Het exemplaar dat Schweitzer, direct na verschijning in juli 1904, van haar ontving, ligt achter glas in het Schweitzermuseum in Gunsbach. Aan de binnenzijde op het schutblad een opdracht: 'Aan de noeste werker Albert Schweitzer

---

5 Marie Jaëll, L'Intelligence et le rythme dans les mouvements artistiques. L'éducation de la pensée et le mouvement volontaire. Paris : F. Alcan, 1904.

van zijn werkzame vriendin M. Jaëll'. In de kantlijn op de pagina's staan vele bewonderende potloodaantekeningen van Schweitzers hand. Schweitzer stemt volmondig in, zo blijkt daaruit, met de intuïtieve esthetiek van Jaëll. Hij adopteert vooral haar visie op de zintuiglijke *synesthesie*.

Synesthesie houdt in dat de verschillende zintuigen op geheimzinnige manier samenwerken en elkaar oproepen. Voor musici, amateurs en professionals, zijn dergelijke synesthetische ervaringen heel gewoon. Sinds mijn kindertijd, associeer ik bijvoorbeeld tonen met kleuren: de *A* is donkerbruin, de *B* geel, de *C* rood-oranje, de *D* blauw, de *E* groen, de *F* bruin, en de *G* oranje. Tonen roepen ook beelden op: je spreekt van 'klankbeelden'. Dat geluid 'volume' heeft, komt omdat het ruimtebeleving evoceert. *Hard*, in de zin van 'luid' spelen vereist daarom nog niet 'op de toetsen timmeren' – een beleving van *ondoordringbaarheid* – of 'sneller spelen' – een beleving van *tijd*. 'Als we een object aanraken, zien we in de geest met onze vingers,' schrijft Jaëll. Schweitzer, gretige lezer, onderstreept de uitspraak en noteert in de kantlijn: *très bien!* Wat geldt voor de relatie tussen de tastzin en het innerlijk, geldt ook voor de relatie tussen horen en zien. 'Je kunt zeggen dat de aantrekkingskracht die de muzikale kunst op ons uitoefent geheel en al vertaald kan worden als visuele ruimtebelevingen, mits we in staat zijn te kijken zoals we in staat zijn te horen.' Muziek drukt volgens Jaëll behalve beelden ook gevoelens, beschouwelijke ideeën en sferen uit. Aan de ontbijttafel, in de vroege lentezon, verkiezen we Vivaldi boven heavy metal. Brahms met zijn zingende baslijnen bewaren we voor de avond. Het moment van de dag, objectief gezien louter een beleving van zintuiglijke indrukken, associëren we blijkbaar met een bepaald type muziek.

De pianotechniek van Jaëll heeft als eerste doel om het paradijs aan synesthetische ervaringen te openen. Maar je wordt, naar Jaëlls eigen ervaring, door haar pianotechniek ook een spiritueler en vollediger mens. Door de verfijning van je tactiele beleving, door je instrument niet te *gebruiken* maar door het te *voelen*, verandert je hele bewustzijn van de wereld. Muziek wordt dan een 'holistische' beleving. Verschillen worden gradaties. Tussen kleuren en geluiden vallen de schotten weg, net zoals tussen binnenwereld en buitenwereld. De ervaring van de eenheid van leven werpt ons immers terug op onze verantwoordelijkheid voor alle vormen van leven.

Bach: de Wagner van het innerlijke leven en de profeet van de Levenswil[6]

Schweitzer vond zijn spirituele spoor door de muziek; hij wil het ook doorgeven. In de herfst van 1902 suggereert Widor hem om, in de herfstvakantie, een artikel over Bach te schrijven. Het Franse publiek is slecht op de hoogte van de Duitse meester en dat moest veranderen. Schweitzer met zijn tweetaligheid en zijn Europees-Elzassische ziel is daarvoor de aangewezen persoon. Allengs groeit het artikel uit tot een boek. Schweitzer wil aantonen dat Bach, vanwege zijn mystieke aanleg, het pure formalisme van zijn voorgangers voorbij was. Het boek verschijnt in 1905. Algauw volgt het verzoek er een Duitse vertaling van te maken. Schweitzer neemt zijn vertalerspen op, verveelt zich echter algauw en besluit het geheel nog eens opnieuw te schrijven. Hetzelfde, maar dan anders. En vooral dikker.

Schweitzer noemt Bach een 'musicien-poète', een dichter-musicus, of ook wel een gothisch bouwmeester. In alles beantwoordt Bachs kunst aan het *synesthetische* karakter van de muziekervaring. Daar zit Marie Jaëll achter. Maar ook kun je denken aan Richard Wagner, die door Schweitzer minstens net zo

---

[6] In het Nederlands verscheen over Schweitzers Bach-interpretatie: Barend Schuurman, Albert Schweitzer over Johann Sebastian Bach Vught. Skandalon, 2008

sterk bewonderd werd als Bach. Wagner was de schepper van het zogeheten *Gesamtkunstwerk*. De majesteitelijke mise-en-scènes van zijn opera's hadden tot doel de ziel via alle zintuigen aan te spreken en te vormen. Taal, licht, kleur, decor, kostuum, beweging, toon, ruimte: alles zou bij Wagner samenvloeien tot één integraal totaalkunstwerk. Hetzelfde vind je terug in Schweitzers Bachopvatting, zij het dat wat Wagner veruiterlijkt op het toneel toonde, Schweitzer in de innerlijke ervaring van Bachs muziek wilde oproepen.

Om zijn Bachinterpretatie te onderbouwen isoleert Schweitzer bepaalde melodische eenheden die hij stuk voor stuk met een idee of een beeld laat corresponderen. Zo ontwikkelt hij een soort woordenboek voor Bachs muzikale taal. De woorden uit die taal noemt hij 'motieven'. Regelmatig kun je dan, vooral in de cantates, bijvoorbeeld het 'loopmotief', het 'vredesmotief', het 'vreugdemotief' of het 'pijnmotief' horen. Volgens Schweitzer spreekt Bachs muziek zonder woorden een duidelijke beeldtaal met een eigen grammatica en woordenschat. De muzikale vorm richt zich daarbij tot het hart en tot het hoofd.

Daarin onderstreept de als theoloog geschoolde Bachgeleerde ook de spirituele inhoud van Bachs werk. Geeft de tekst er ook maar even aanleiding toe, dan grijpt, volgens Schweitzer, de componist Bach zijn kans. Gaat het in de tekst van een cantate bijvoorbeeld over wandelen, voortgaan, lopen of bewegen, dan trekt hij het 'loopmotief' uit de la. Bij droefheid, verlies of afscheid, het 'treurmotief'. En komt de kwestie van heil in de tekst ter sprake, dan componeert Bach volgens de hem typerende 'zaligheidsritmiek'. Een musicus zonder begrip van de tekst en zonder het bijbehorende religieuze gevoel zal, volgens Schweitzer, Bachs muziek nooit goed en diep kunnen interpreteren.

Toch bedoelt Schweitzer niet dat Bach eenvoudigweg illustraties bij gedachten heeft willen componeren. Het ging hem niet om deuntjes bij gedachten. Bachs muziek drukt het wezenlijke uit dat het niveau van de beschrijving in woorden te boven gaat. Hij noemt Bach dan ook een 'denkend mysticus', plaatst hem enigszins plompverloren in het rijtje van de Rijnlandse mystici Eckhart, Tauler en Suso, en associeert hem met de piëtist Jakob Spener.

Schweitzer zag het als de taak van de uitvoerende musicus om die innerlijke totaalervaring mee te delen aan zijn publiek, dat op zijn beurt, tijdens het horen, even creatief moest zijn als de artiest. In het concertgebouw is ieder de regisseur van zijn eigen innerlijke mise-en-scène.

Bachs contrapuntische muziek oefent haar werking ook uit op mensen, die van de regels van het contrapunt nog nooit gehoord hebben. Ze richt zich op elementaire wijze tot hun vermogen zich beweging en vorm voor te stellen, en zet dat zo in beweging dat ze iets van het leven gaan voelen dat tot dan toe in hen sluimerde. Kunst is de uitdrukking van het geheim van het Leven. De wonderlijke spanningen en ontspanningen die in de beweging van een volledige melodie optreden en het raadselachtig spel tussen vrijheid en noodzaak dat zich in haar verwerkelijkt, wat is dat anders dan de uiting van het geheim des levens? Bach leidt ons in zijn bewogen, monumentale architectuur naar het diepe raadsel van de beweging, waarin het Leven zelf zich toont. Hij maakt ons tot levenskrachtige en verinnerlijkte mensen. (Schweitzer 1988:77-79)

Het is deze mystieke spiritualiteit, aan burgerlijke vrome gevoelens en aan orthodoxe dogma's voorbij, die Schweitzer via zijn spel wil overbrengen aan zijn publiek. Ter verheffing van de Levenswil.

De geestelijke betekenis van Schweitzers Bachconcerten

"Na afloop van het concert," schrijft de naamloze recensent in de Provinciale Overijsselsche en Zwolse Courant van 11 mei 1932, "gingen de deuren op en kwamen nog velen in de kerk om te luisteren naar de toespraak die prof. Schweitzer zou houden over zijn werk in Lambarene." En dan citeert hij Schweitzer: "Niet alleen voor hun lichaam willen de patiënten in ons hospitaal heil vinden, maar ook voor hun ziel. Ik streef ernaar als verplegend personeel menschen te nemen, die ook in geestelijk opzicht iets voor de patiënten kunnen zijn." Wat geldt voor de patiënten in het hospitaal, geldt ook voor het concertpubliek. Schweitzer beoogt in tijden van geestelijke armoede door de muziek mensen spiritueel te verrijken, te verdiepen, tot zichzelf en vooral tot anderen te brengen. En daarbij gaat het niet om *evangelisatie* in de klassieke zin van het woord, niet om het overdragen van dogmatische geloofswaarheden. Het gaat erom de *wil* van mensen in aanraking te brengen met de eeuwige *Wil tot leven*. De muziek, en vooral de muziek van Bach, is daarvoor het vehikel.

Die ziels- en wilsverheffende intentie van Schweitzers concerten is ook goed opgepikt door de predikant-journalist J.H. Groenwege, die, als voorbereiding voor het concert op 11 mei 1932 in Arnhem, in de Nieuwe Arnhemse Courant een groot stuk schreef. Niet zonder humor meldt hij het volgende:

> Te velen menen dat het toch wel zeer merkwaardig en interessant, ja bijna iets als een sensatie is, dat een zoo beroemd geleerde en menschlievend Christen óók nog zo mooi kan orgelspelen!' Daarmee wordt aan zijn kunstenaarschap te kort gedaan. En al is er natuurlijk (en helaas!) een verband, zelfs een zeer materieel verband tusschen de concerten en zijn liefdewerk in Lambarene, het zal toch goed zijn op dat verband niet te sterken nadruk te

leggen. Want Schweitzer's persoonlijkheid is te gaaf, te zuiver, te groot en te eenvoudig om hem in het middelpunt te stellen van sensatielust of fancy-fair-gedoe. Van hem geldt wat eenmaal van de door hem zoo vereerden Bach is gezegd: 'Er predigt in seinem Tönen, er predigt gewaltig und nicht wie die Schriftgelehrten"! Voor alles is hij Bach-profeet. Zoals de orgelcomponist Bach zich steeds dienaar wist, wiens scheppingen liturgisch bedoeld waren, dus een onderdeel van den eeredienst vormden, niet een extra opluistering daarvan, zoo weet ook Schweitzer zich dienaar en geeft hij zijn kunst juist, zoals Bach het zelf omschreef, als 'Wohlklingende Harmonie zur Ehre Gottes.' Bach, de grote Barok architect, met sterke contrasten van licht en donker, den reuzengeest vol diep sentiment en daarom nooit sentimenteel! Hoe zuiver laat Schweitzer hem ons zien.

Een Schweitzer-concert was geen liefdadigheidshappening. Geen simpel benefietconcert. Het was evenmin een esthetisch hoogstandje voor de cultuur onderlegden. Schweitzers concerten wilden geestelijke evenementen zijn, bijdragen aan de verheffing van de wereld in tijden van cultuurverval in Europa. Als evangelist mocht hij niet naar Afrika gaan; daarom ging hij er als arts heen. Maar hij keerde terug naar Europa, als de evangelist van de Levensverheffing.

Bibliografie

Doude van Troostwijk Chris, 2013, Leven met Albert Schweitzer. Pleidooi voor een mystiek optimisme. Meinema, Zoetermeer.

Jaëll Marie, 1899, Le Toucher. Enseignement du piano basé sur la physiologie, 3 vol., Paris, Costallat – Leipzig : Breitkop & Härtel.

Jaëll Marie, 1904, L'Intelligence et le rythme dans les mouvements artistiques. L'éducation de la pensée et le mouvement volontaire. Paris : F. Alcan.

Schuurman Barend, 2008, Albert Schweitzer over Johann Sebastian Bach. Vught: Skandalon,

Schweitzer Albert, 1900 (1899), Die Religionsphilosophie Kants. Hildesheim-Zürich-New York: Georg Olms Verlag

Schweitzer Albert, 1905 (1967), J.S. Bach, le musicien-poète. Lausanne : Éditions Maurice et Pierre Foetisch.

Schweitzer Albert, 1907 (1961), Johann Sebastian Bach. Leipzig : VEB Breitkopf & Härtel Musikverlag.

Schweitzer Albert, 1986 (1906), Geschichte der Leben-Jesu-Forschung. Tübingen: J.C.B. Mohr (Paul Siebeck),

Schweitzer Albert, 1990 (1923), Kultur und Ethik. Erster Teil: Verfall und Wiederaufbau der Kultur. München: C.H. Beck,

Schweitzer Albert, 1991 (1924), Aus meiner Kindheit und Jugendzeit. München: Beck.

Schweitzer Albert, 1929, Selbstdarstellung. Leipzig: Felix Meiner Verlag.

Schweitzer Albert, 1988, Aufsätze zur Musik. Kassel-Basel: Bärenreiter.

Schweitzer Albert, 1989, Briefe und Erinnerungen an Musiker. Bern und Stuttgart: Verlag Paul Haupt.

Theis Robert (éd.), 2013, Kant, théologie et religion. Paris: Vrin.

Wirrmann Benoît & Sorg Jean-Paul, 2015, Albert Schweitzer entre les lignes. Strasbourg: Bibliothèque Nationale et Universitaire.

Geïnspireerd door Schweitzer

Schweitzer zonder romantiek

Jacqueline van der Zee

De muzikale lezingen die ik geef gaan over mensen die op zoek waren naar spirituele verdieping, naar God en naar de essentie van hun leven.[1] Het zijn persoonlijke verhalen waarin blijk wordt gegeven van een grote levenskracht en volharding.

Zo'n verhaal betekent inspiratie voor al diegenen die denken dat de omstandigheden tegen hen gericht zijn en dat hun doel onbereikbaar is. Albert Schweitzer dacht niet alleen dat de omstandigheden tegen hem gericht waren, dat waren ze ook.

Op het eerste zicht laat de biografie van Albert Schweitzer zich lezen als een geromantiseerd verhaal: een zeer getalenteerde en intelligente jongeman met een roemrijke carrière in het verschiet, neemt de beslissing zich vanaf zijn dertigste volledig te wijden aan de minder bedeelden in deze wereld.

Hij onderwerpt zichzelf nogmaals aan een bijkomende zware studie (medicijnen), sprokkelt overal en nergens financiële middelen, goederen en materialen bij elkaar, zet zich over alle

---

[1] Jacqueline van der Zee geeft muzikale lezingen in Nederland en België over markante persoonlijkheden zoals Etty Hillesum, Albert Schweitzer, Simone Weil, Charlotte Salomon, Hildegard Von Bingen en Camille Claudel. Zie www.abandonia.nl.

kritiek en commentaren heen en vertrekt met zijn vrouw richting Afrika om de mensen daar van medische hulp te voorzien.

Hij treft er niets anders dan bijgeloof, weerstand en een paar kapotte hutjes.

Zijn eerste operatie verricht hij noodgedwongen in een aftands kippenhok. Jaar in jaar uit zwoegt, werkt en bouwt hij aan een ziekenhuisdorp om zijn destijds genomen besluit gestalte en vorm te geven. Hij laat zich door niets of niemand van zijn plan afbrengen.

Volharding was meer dan nodig. Zijn keuze om als arts in Afrika te gaan werken stuitte immers aanvankelijk op veel weerstand.

> Mijn vrienden en familie hielden mij gezamenlijk het onzinnige van mijn onderneming voor. Het werken onder de wilden moest ik aan diegenen overlaten, die daarmee niet hun kunst en wetenschappelijke kennis onbenut moesten laten liggen. Widor, die mij als een zoon liefhad, schold me uit voor generaal, die met het geweer in de mitrailleurslinie ging liggen.

Weerstand op alle fronten. Ook van zijn zogenaamd christelijke collega's ondervond hij geen enkele steun met betrekking tot zijn beslissing. *Hoe vermoeiden mij de vele twistgesprekken met mensen die als goede Christenen bekend stonden.*

Schweitzer was een groot musicus en had al vroeg belangstelling voor orgelbouw.

Ook hierin ondervond hij hoe het is om tegen de tijdsgeest in, zich hard te maken voor iets waar híj in geloofde en voor stond. Hij werd uitgelachen en bespot om zijn mening dat oude orgels beter klonken dan de nieuwe. Hij was dol op de orgels in Nederland

> Het meeste gevoel voor de schoonheid en de waarde van de oude orgels heeft men nog in Holland. De organisten in dit

land laten zich niet verleiden om door restauratie van kleine technische onvolkomenheden de klankschoonheid prijs te geven. Ook aan prachtige oude orgelkasten is Holland rijker dan enig ander land. (Schweitzer, 1931: hst 8)

Voor het grote publiek was hij de man die veel erkenning kreeg, gewaardeerd werd en succesvol was. In zijn eigen ogen was hij een man die zich dagelijks moeizaam voortsleept van de ene dag vol zorgen naar de andere. Hij schrijft:

Zorg, gebrek en verdriet zijn mij in mijn leven zo rijkelijk toegemeten, dat ik eronder bezweken zou zijn als mijn zenuwen minder sterk geweest waren. Van mijn leven geniet ik zelf niet veel. Als iets goeds dat mij ten deel viel, erken ik, dat ik in dienst van de barmhartigheid mocht staan en dat ik veel liefde en goedheid van mensen ervoer. Ook dat ik over een gezondheid beschik die mij de meest ingespannen arbeid veroorlooft en dat ik steeds een evenwichtig gemoed bezit. (Schweitzer, 1931:Nawoord)

Vele nachten besteedde hij aan het zoeken naar antwoorden op het culturele verval in het menselijk denken na de beide Wereldoorlogen. Hoe kon hij de massale apathie, onverschilligheid en verloedering in de maatschappij tegengaan? Zijn antwoord lag besloten in de cultuurethiek 'Eerbied voor het leven'. Hij heeft hiermee zijn levenscredo *Ik ben leven dat leven wil, te midden van leven dat leven wil*, voorgeleefd en nagelaten.

Hij werd geïnspireerd door mensen als Tolstoi, Franciscus van Assisi en zijn grootste voorbeeld Jezus van Nazareth. Van het nihilistisch existentialisme, dat in zijn tijd als denkwijze erg populair was, moest hij niets hebben. Via een cultuur en ethiek van eerbied die je zelf in de praktijk moest brengen kon de mensheid tot een nieuw soort Renaissance komen.

De dieren die hij om zich heen had verzameld gaven hem afleiding. Albertine, Pansy en Sisi de poezen, Eleanore de antiloop,

Tristan, Parcival en Lohengrin de pelikanen, Tchoechoe de hond, Lisi de gans, Tecla en Isabel de varkens en Pucosou de parkiet.

Zij zijn eigenlijk de enigen die nooit iets van hem vragen, en hij begrijpt hun taal.

Ook in muziek vindt hij een afleiding en ontspanning. Tot diep in de nacht, wanneer in het oerwoud slechts nog het gehuil van wilde dieren te horen is, wanneer hij klaar is met zijn filosofische bespiegelingen, het beantwoorden van de duizenden wekelijkse brieven of het doornemen van alle ziektegeschiedenissen, speelt hij piano.

Schweitzer was een groot kenner en liefhebber van Bach, Beethoven, Mahler en Mendelssohn.

Mijn persoonlijke respect voor deze man bestaat uit het feit dat hij onwankelbaar, onvermoeibaar en met de grootste toewijding zijn talenten, kracht en liefde heeft ingezet voor de mensheid. Oprecht en zonder ijdelheid heeft hij het leven en de woorden van Jezus in praktijk gebracht. Daarmee vervalt voor mij het volledige geromantiseerde beeld en maakt plaats voor een beeld dat realistisch, pragmatisch en echt is.

Wanneer je zoals ik door muzikale lezingen te geven de geest van deze mens levend kunt houden stemt dat tot grote dankbaarheid.

Bibliografie

Schweitzer Albert, 1931, Aus meinem Leben und Denken, Leipzig. Nederlandse vertaling: Uit mijn leven en denken, uitgeverij HD Tjeen Willink & Zoon, Haarlem, 1955.

Palliatieve zorg, protestantisme en Albert Schweitzer

Joke Bossers

De Federatie Palliatieve Zorg Vlaanderen, aan wie gevraagd werd om iemand voor te stellen die een getuigenis zou kunnen brengen, was blijkbaar op de hoogte van mijn protestantse wortels. Palliatieve zorg, protestantisme en Albert Schweitzer: de link naar mij was snel gelegd. Door de vraag werd ik, totaal onverwacht, als het ware terug gekatapulteerd naar mijn eigen kindertijd. Ook het lezen van de tekst van Prof Luk Bouckaert en het raadplegen van internet deden heel wat herinneringen opwaaien.

Dr. Albert Schweitzer is voor mij allerminst een onbekende. Opgroeien in een evangelisch gezin betekende dat we al jong het belang van zendingswerk leerden kennen. Tijdens mijn kinderjaren in de periode van de jaren zestig, was Dr. Schweitzer één van die zendingsartsen die veel respect verdiende.

Mijn getuigenis bestaat uit twee delen. Ik blik eerst terug naar de tijd en de opvoeding van Albert Schweitzer waarin heel wat facetten doen denken aan mijn eigen kinder- en jeugdjaren. Vervolgens doe ik een poging om vanuit Schweitzer een visie op palliatieve zorg te schetsen.

*

Zoals ik al zei kom ik uit een evangelisch gezin met een vader die een evangelische gemeente startte in de jaren 60 te Hasselt en hierin voorging. Hij was van huize uit katholiek en in zijn zoektocht naar een bevrijdend evangelie werd 'Jezus van Nazareth' uit het Nieuwe Testament zijn lichtend voorbeeld.

Mijn moeder die tot haar 8 jaar in Rotterdam woonde en daar al op jonge leeftijd de gereformeerde kerk bezocht, verhuisde naar België. Tijdens haar studententijd kreeg ze TBC. In die moeilijke, mogelijks levensbedreigende, periode (het was immers ook oorlog), besloot ook zij bewust te willen leven in de voetsporen van 'Jezus van Nazareth'. Zij herstelde van haar TBC en werd Germaniste.

Zij leerden elkaar kennen op één van de 1 mei-Bijbeldagen te Antwerpen. Mijn vader, die tot dan toe in de wapenfabriek van Herstal werkte, besloot Bijbelzendeling te worden bij de BEZ (Belgische Evangelische Zending). In die tijd betekende dat, dat je regelmatig rotte eieren en tomaten naar je toegegooid kon krijgen of zelfs dat de hond op je losgelaten kon worden.

Toen mijn moeder, die als meisje had mogen studeren, ook zijn liefde voor de studie en het verlangen naar meer kennis ontdekte, hielp ze hem via middenjury zijn humanioradiploma halen. Daarna volgde het lerarendiploma en zo werd hij godsdienstleraar. Dit deed hij met hart en ziel tot hij op 48 jarige leeftijd aan acute leukemie overleed, mijn moeder met 6 kinderen achterlatend, tussen de 8 en 17 jaar oud.

Albert Schweitzer had als vader, een evangelische predikant en als moeder, een dochter van een dominee. De gestrengheid waarmee hij werd opgevoed, zijn ongebreidelde interesse voor diverse domeinen (theologie, filosofie, ethiek…), zijn muzikaliteit en de uiteindelijke keuze om arts te worden mét de moed om de allerarmsten te helpen in de moeilijkste omstandigheden, dat alles kwam mij vertrouwd voor.

Ook in ons protestants-evangelisch gezin, draaide de opvoeding rond het uitdragen van de nieuwtestamentische verhalen over Jezus van Nazareth. De daaruit voortvloeiende naastenliefde, dienstbaarheid en zorg voor het kwetsbare werden met de paplepel meegegeven. Degelijkheid en verantwoordelijkheid dragen bleken ook erg belangrijk. Hierdoor waren spreekwoorden zoals *'plicht voor genoegen - om te vinden - genoegen in plicht'* en *'elke gave is een opgave'* voor ons een evidentie. Mijn moeder speelde piano. Elke ochtend, voor iedereen naar school vertrok, werd er rond de piano staande, een christelijk lied gezongen en een zegenbede over de dag uitgesproken. Hier werd nooit van afgeweken!

Regelmatig hielden we bij ons thuis bidstonden voor zendelingen, ook voor de Afrikaanse zendelingen waaronder het werk van Dr. Schweitzer. De zus van mijn moeder was pediater en ook zij vertrok naar Afrika, eerst Congo en later de Ivoorkust. We verzamelden versleten lakens die we in repen dienden te scheuren om als verband op te sturen naar de leprahospitalen.

Rond kerstmis organiseerden mijn ouders grote kerstfeesten voor de kinderen van de klas. Naargelang de leeftijd werden groepen van een 40 tal kinderen bij ons thuis ontvangen Naast het kerstverhaal bij de kerstboom, met chocolademelk en een appelflap, vertelde mijn moeder met behulp van een flanellograaf (bord) nog een ander prachtig verhaal. Dit was niet zelden een zendingsverhaal, over een kleurling jongetje en een blanke dokter. De kinderen hingen aan haar lippen. Als ik nu nog iemand van mijn schoolklas tegenkom is deze kerstmiddag voor hen nog steeds een heel mooie herinnering.

Uiteraard werd een groot deel van de cadeautjes, die wij van de kinderen kregen, verzameld voor zo'n zendingshospitaal of weeshuis. En het was zeker niet de bedoeling alleen de chocolade weg te geven en zelf het speelgoed te houden; de chocolade smolt immers onderweg.

Mijn ouders waren zeer sociaal geëngageerd. Als mijn vader zijn jas of een paar schoenen niet vond, waren ze waarschijnlijk door mijn moeder aan één of andere sukkelaar meegegeven. En alsof hun 6 kinderen nog niet genoeg waren werd een jongetje uit een Genks weeshuis hun pleegkind voor de weekenden en vakanties.

Naast de liefde voor het Evangelie, het zendingsgebeuren en de sociale bewogenheid, werden ook cultuur en muziek hoog in het vaandel gedragen. Elk van de 6 kinderen diende notenleer te volgen en een muziekinstrument te bespelen en dit tot minstens 16 jaar. Ik ben nog steeds heel blij met deze klassieke muzikale vorming, al was het maar omdat ze mij het troostend vermogen van de muziek bijbracht.

Ook tekenles was verplicht. Een eventueel toekomstige verpleegkundige of arts uit ons gezin zou niet mogen struikelen over zijn/haar anatomie-examen omdat de anatomieschetsen niet zouden voldoen. Zelfs Hebreeuws was ons niet vreemd. Als 14 jarig meisje volgde ik samen met mijn oudste broer die theologie zou gaan studeren Hebreeuwse les bij dominee Jan Nijs en dit op zondagnamiddag.

Een tweede broer studeerde aanvankelijk 6 jaar geneeskunde en later nog maatschappelijk werk en filosofie, een derde broer werd een zeer gedreven pianist. Mijn vierde broer en mijn zus dragen vrijwilligerswerk een warm hart toe. Zelf koos ik ervoor arts te worden met een voorliefde voor palliatieve zorg.

Al deze passies uit ons gezin en nog zoveel meer én vooral met grote uitmuntendheid vinden we terug in het leven van één man: Albert Schweitzer. Het is bijna ongelooflijk! Zijn leven was een voorbeeld dat, zelfs nog tientallen jaren later, een onuitwisbare invloed had op ons gezin!

*

Als ik naar mijn eigen leven kijk dan voel ik mij, in mijn pionierswerk voor palliatieve zorg, ook een klein beetje een zendingsarts. Mijn Lambarene is aandacht vragen voor zorg en spiritualiteit op de grens van leven en dood in een spitstechnologische wereld die veeleer levensverlenging hoog in het vaandel draagt!

Vanuit mijn voorliefde voor palliatieve zorg en de essentiële pijlers waarop ze gebaseerd is, heb ik voorzichtig 'proberen' stil te staan bij het werk en de ideeën van Dr. Schweitzer. Het is voor mij heel waarschijnlijk dat ook hij in onze tijd palliatieve zorg heel belangrijk zou vinden. In zijn werk was de dood zeer duidelijk aanwezig, veel minder uitstelbaar en vaak een harde realiteit voor jong en oud. Onmacht over ontbrekende kennis en ontbrekende middelen zal hem niet vreemd geweest zijn. Toch heeft hij dit werk, met korte onderbrekingen, een 50 tal jaren bezield gedaan. Gedaan met, zoals hij het zelf zei: hoofd, hart en ziel!

En juist dat is het wat palliatieve zorg kenmerkt. Het is een totaalzorg die in de jaren 80 in het Westen zijn ingang vond als tegenbeweging of aanvulling op de wetenschappelijke evolutie waarin levensverlenging centraal stond en de dood uit het leven geweerd werd. Zelfs nog in mijn studententijd werden in het ziekenhuis kamers, met uitbehandelde patiënten, overgeslagen omdat de arts er toch "niets meer kon doen". De *ars moriëndi* of de kunst van het sterven was uit onze maatschappij verdwenen. Ze bestond nochtans reeds in de middeleeuwen.

Met Hoofd, Hart en Ziel! Palliatieve zorg draait inderdaad in eerste instantie rond het Hoofd omwille van de kennis die nodig is om goede, zij het dan niet geneeskunde, dan toch pijn- en symptoomcontrole te kunnen geven. Dit is de eerst noodzakelijke vereiste. Als mensen pijn of andere klachten blijven hebben is immers een goed afronden van hun leven en afscheid nemen onmogelijk.

In tweede instantie draait palliatieve zorg rond de aangelegenheden van het Hart. Wat is voor mensen nog belangrijk in het licht van een naderend levenseinde? Wat willen ze nog verwezenlijken? Wat willen ze misschien nog goedmaken? Welke financiële zorgen brengt hun ziek zijn met zich mee? Over wie uit hun nabije omgeving maken ze zich zorgen? Welke keuzen wensen ze te maken in het kader van hun levenseinde? Dit en zoveel andere vragen kunnen we met technische wetenschap niet oplossen, maar vragen een luisteren met het hart. Tijd nemen om de juiste bezorgdheden te leren kennen en proberen een gids te zijn in het zoeken naar oplossingen en/of begeleiding.

In derde instantie is het werken met de Ziel. Hier is A.Schweitzer een arts palliatieve zorg *avant la lettre*. Immers dit werken met de ziel is nog vreemd aan heel wat hedendaagse zorgverleners.

Het eerste niveau wordt gekenmerkt door ons instrumentarium en de kennis waarmee we iets kunnen DOEN. Het tweede niveau gaat over vaardigheden en attitudes die ons helpen iets te BETEKENEN voor onze patiënten, er voor hen te ZIJN. We zijn *human beïngs*, geen *human doïngs*. Het derde niveau echter, het niveau van de ziel gaat over ONMACHT DELEN. Immers, op een bepaald moment is de teerling geworpen, kunnen we niets meer doen, is het verhaal verteld, staan we machteloos ten opzichte van de komende dood. Dan kunnen we slechts in alle naaktheid naast elkaar zitten, de onmacht erkennen en in stilzwijgen verdriet, kwaadheid, teleurstelling, wanhoop laten bestaan. Niet wegpraten, niet minimaliseren, niet weglopen. Als we dat kunnen, dan ontmoeten zielen elkaar. Dan vallen de maskers van de ratio af. En juist dan, in het ontmoeten van die echtheid zit erkenning en soms aanvaarding maar vooral energie om de weg te gaan die voor hen ligt. A. Schweitzer kende de kracht van het ontmoeten van zielen. Zijn gebrek aan middelen, zijn taalbarrières zullen hem vaak verplicht hebben naar het niveau van de ziel af te dalen. Hij zal voor zovelen de stille getuige geweest zijn van leed en wanhoop. Maar juist door er niet van weg te lopen zal hij velen energie gegeven hebben om het laatste stukje te gaan.

Palliatieve zorg bewijst dat genezing veel meer betekent dan afwezigheid van ziekte alleen, maar dat het ook de aanwezigheid betekent van vergeving, verbondenheid en zorg. A. Schweitzer kende de kracht van verbondenheid, van solidariteit, van er ZIJN voor elkaar zoals JHWH betekent: ik ben die ik ben, ik zal er zijn voor jou wat er ook gebeurt. A. Schweitzer kende niet alleen de kracht van het geloof maar ook van spiritualiteit in het algemeen. Het aanspreken van de innerlijke krachtbronnen en passies helpt mensen vaak verder te gaan dan ooit gedacht. Ook de neuroloog Victor Frankl had dit ontdekt. In het concentratiekamp had hij ondervonden dat niet de sterke boerenzoon, met veel gezondheidsreserves, de meeste kans tot overleven had. Maar wel zij die hun psyche konden afwenden van het dagelijks leed door humor, door hun liefde voor natuur of muziek, door een mooie herinnering, een hoopvol weerzien. A. Schweitzer wist ook dat het persoonlijk levensverhaal essentieel is in de begeleiding van het levenseinde. Dit blijkt uit één van zijn vele rake gezegden: *de tragedie van het leven ligt in wat er binnen in een man sterft tijdens zijn leven.* De pijn van het levenseinde is niet enkel de angst voor de toekomst, de aftakeling maar de pijn van het niet geleefde leven, de gemiste kansen, de teleurstellingen en verlieservaringen die door de verzwakte patiënt niet meer verdrongen noch ontkend kunnen worden. Palliatieve zorg betekent ruimte geven voor dit verhaal en daar waar mogelijk verbondenheid herstellen en betekenis toevoegen aan het geleefde leven.

Tot slot zien we Dr. A. Schweitzer een pleidooi houden voor *de eerbied voor het leven,* waarbij het doden van levende wezens een noodzakelijk kwaad is en elk leven maximale kansen dient te krijgen. Ik heb zeker niet de filosofische en ethische opleiding om de eerbied voor het leven van Dr. Schweitzer te toetsen aan het euthanasiedebat van het laatste decennium. Wel wil ik afronden met het waar gebeurd verhaal van Dirk Vandergoten: *Deadline 40*.[1] Een verhaal waarin ik de arts Albert Schweitzer heel duidelijk herken. Het verhaal gaat over Danny, een patiënt met de ziekte van Huntington. Dirk is vrijwilliger in een daklozencentrum waar hij Danny ontmoet. Er groeit heel geleidelijk een warme band tussen beiden. Dirk gaat in zijn vrijwilligershulp veel verder dan vaak verwacht wordt. Hij neemt Danny mee naar de film en ze gaan samen op weekend naar zee. Ook het verschonen van Danny gaat hij niet uit de weg. Danny heeft echter besloten dat hij met zijn ziekte niet ouder wil worden dan 40 jaar. Op een bepaald moment wenst hij de euthanasie procedure op te starten. Dirk respecteert zijn wens, al heeft hij het er erg moeilijk mee. Hij organiseert het bezoek aan de huisarts, de tweede adviserende arts en een derde adviserende specialist ter zake. Dit is noodzakelijk omdat Danny nog niet terminaal ziek is. Op het moment dat Danny naar de derde arts moet kan Dirk plots niet mee. Wanneer hij de volgende dag vraagt hoe het geweest is, geeft Danny schoorvoetend toe dat hij niet gegaan is. Dirk een beetje onthutst vraagt hem verwonderd: waarom niet? Danny antwoordt heel eenvoudig: *Jij bent er toch!*

---

[1] Dirk Van der Goten, Deadline 40. Mijn leven met Danny. Averbode, 2013.

Ik wil leven

Xavier Lefèvre

Een schok

Wij hebben allen inspirerende figuren nodig die ons helpen een andere, een nieuwe, een frisse, heldere, soms zonderlinge blik te werpen op ons leven, onze wereld, onze dromen en verlangens. Maar inspiratie beklijft pas echt, als ze ons treft in een middelpunt tussen herkenning en uitdaging. Dan beleef je een schok, die je fundamenteel verzoent met je leven en met je levenskeuzen. Het perspectief wordt weidser, je ademhaling dieper, je blik wordt ruimer en je wordt, onweerstaanbaar, over je grenzen heen getild. Die schok heb ik ervaren bij het lezen van Albert Schweitzers levensloop. Mij valt vooral zijn radicale oprechtheid, zijn degelijkheid, zijn buitengewoon integere ethische rechtlijnigheid op. Een man uit één stuk, eerlijk als goud, eerst en vooral met zichzelf. Moedig, veeleisend voor zichzelf en mild voor anderen. Duitse doortastendheid en Franse generositeit. Wat zou ik beide in mezelf willen herkennen.

En zo zijn er tal van aspecten waarin we grondig van elkaar verschillen, Schweitzer en ik. Reeds op heel jonge leeftijd heeft Schweitzer een duidelijk besef ontwikkeld van wat hij met zijn leven wil doen. Hij blijkt dit meesterschap, dit leiderschap over zijn levenskeuzen nooit verloochend te hebben. Ik sta paf. Nergens blijkt hij de gebeurtenissen van zijn leven ondergaan te hebben. Hij stond aan het roer en welke kolkende wateren hij ook bevoer, hij wist zijn schip steeds, ondanks of dankzij alles, op koers, zijn koers, te houden. Bewonderenswaardig. Ook voor zijn schuldbesef, al dan niet willekeurig versterkt door Kants strenge plichtenethiek, zijn hang naar zelfvernedering en naar zelfopoffering – wellicht deels te danken aan de vigerende tijdsgeest - vind ik geen equivalent in mijn mentale biografie. En dan spreek ik nog niet over zijn immense muzikale talenten, zijn buitengewoon kunstzinnig aanvoelen, zijn wijsgerige aanleg, zijn alom geroemde welbespraaktheid, zijn overtuigingskracht, zijn gedrevenheid, zijn boeiende publieke verschijning en ga zo maar door.

Ondanks al deze wezenlijke verschillen ontdek ik in Albert Schweitzer een vader, een broer, een tochtgenoot, een vriend. Zijn worsteling is grotendeels ook de mijne. Zijn twijfels, zijn betrachtingen, zijn zucht naar inzicht zijn ook die van mij. Samen zoeken we, vanuit een ontembare vrijheidsdrang naar zelfverwezenlijking, naar een diep existentieel fundament voor de echtheid – de ware rijkdom - van ons bestaan. Dat zijn we natuurlijkerwijze onszelf en vooral het leven dat we gekregen hebben, het Leven en de anderen verschuldigd. Bij mij, niet in de zin van schuld die ik moet afbetalen, maar van verantwoordelijkheid; we moeten antwoorden op een roepstem die ons steeds weer wakker roept. En we moeten dit voordoen om anderen, die de stem wel vermoeden, maar om allerlei redenen nog niet goed horen, de moed te geven er, als het zover is, op in te gaan.

En dat is precies waar wij onze beide levens aan wijden: de mensen die ons toevertrouwd worden wakker roepen om hun heel eigen, unieke en vitale rijkdom, onder vaak moeilijk doordringbare lagen - determinismen, afhankelijkheden en verslavende gewoontes

- te ontdekken en tot volle ontplooiing brengen. Wat mij betreft, heb ik deze goudmijn ten leven dankzij een paar inspirerende figuren - en Schweitzer zou hier ongetwijfeld zijn plaats in hebben gehad, mocht ik hem eerder ontdekt hebben – zonder al te grote trauma's mogen ontginnen.

Twee geboortes

Ik ben twee keer geboren. Na een vrij onconventionele jeugd waarin een dominante vader ons te pas en te onpas, tot het neurotische toe, tot een jezuïtische "meer" opvorderde, heb ik na zijn heengaan, de rest van m'n prille leven laten verglijden in een verleidelijk comfortabel, doch weinig kritisch kleinburgerlijk verwachtingspatroon. Men bood me een fiets aan en ik begon dan maar te fietsen. Ik onderwierp me wellustig aan wat "men" van mij verlangde: netjes studeren (rechten), fatsoenlijke baan (managementfunctie in een middelgroot expeditiebedrijf), eerbaar en zelfs nadien riant inkomen. Mijn stoutste dromen werden netjes commercieel verpakt in peperdure vakanties en wat ik echt zocht in het leven diende keurig gerangschikt onder het etiket "vrije tijd" in de kelderkast van mijn preutse privéleven. En niemand die me zei dat het ook anders kon.

Het beroepsleven, gekenmerkt door een moordende concurrentiedrift waaraan alles – ik herhaal, alles - opgeofferd werd in naam van de dictatuur van het financiële gewin, overviel me als massief en intens "dom" alsook smaak- en ambitieloos. Het beste van je energie steken in het slopend in stand houden van een vervreemdende profijtmachine? Was dat mijn levensprogramma? Was het leven inderdaad een wreedaardige strijd? Wat mij steeds als een middel was voorgehouden, de mammon, werd plots het levensdoel bij uitstek. En het doel, de persoonlijke ontplooiing van al je kennen en kunnen ten dienste van de gemeenschap, werd deskundig gemuilkorfd en onschadelijk gemaakt door verdachtmaking, hoon en spot. Alles moest eraan geloven, alles werd erdoor afgemeten, alles moest wijken voor de cijfers. De toneelspelers zwichtten kreunend onder het gewicht van het decor. Alles leek me fake en geveinsd. Vrienden waren geen vrienden. Georges Orwells *Newspeak* was er niets tegen.

Wil je in dit systeem overleven, dan moet je je een kramphouding aanmeten. Er heerste een soort omerta van gebochelde, eenogige samenzweerders, die allen gedwee gebukt gingen onder de vervreemdende en mensonterende werkdruk. In een permanent klimaat van chantage en quasi-oplichting, tegen je overtuigingen in de belangen verdedigen van grote groepen en er het onderste uit de kan persen om je slagkracht en professionaliteit te bewijzen, werkte stilaan fnuikend. Verlamd door de angst zijn baan te verliezen, zou niemand het in zijn hoofd halen dit wereldwijd kartel van het winstbejag in vraag te stellen. Hoeveel moe getergde nog veel te jonge lijfeigenen heb ik niet ontmoet die heimelijk aan het aftellen waren wanneer ze hun pensioen zouden kunnen aanvragen en hoeveel ze nog zouden overhouden. Er waren natuurlijk uitzonderingen: gladde, blinkende, dynamische young professionals die erin slaagden zich een benijdenswaardige positie te verwerven door er, naar hun mening, iets spannends van te maken. De anderen de loef afsteken werd hun doping, een sport, een heus kansspel. Vae victis! Maar ook zij maten hun succes af aan de wagen die ze zich konden veroorloven, de inrichting van hun villa, het aantal exotische vakanties en het aanzien in "betere milieus". Ik ging dood. Zestien jaar aan een stuk.

Tot de vraag werd gesteld wie in aanmerking kwam voor de opvolging van de gedelegeerd-bestuurder. Ik stond plots in de vuurlinie. Het uur van de waarheid had geslagen waarop er een definitieve beslissing moest genomen worden. Dankzij de steun van mijn echtgenote koos ik voor het leven. Ik ging herscholen om mijn hart te volgen: diametraal het tegenovergestelde van wat ik tot dan toe ondergaan had, van wat hoorde, van wat ik dacht dat "er" van mij verwacht werd: ik wilde godsdienstleerkracht worden. Het is pas toen ik mijn autosleutels heb moeten afgeven dat ik merkte hoezeer het systeem ook mij mentaal uiterst subtiel maar vernuftig in zijn macht had. Wat een moed heb je nodig om je uit deze verslavende denkpatronen los te wrikken! Enkelingen die lucht kregen van mijn verhaal, werden meewarig en benijdden mijn beslissing. "Ik zou wel willen, maar ik kan het niet". Vele anderen keerden me als een outcast, een verrader des vaderlands, de rug toe.

De dagenraad

De ervaring die op mijn toch wel gevaarlijk irrationele beslissing volgde valt moeilijk onder woorden te brengen. Ik pompte wellustig mijn longen vol met de lentelucht van de herwonnen vrijheid. Vanaf nu zou ik mijn leven zelf in handen nemen. Niemand zou er voor mij beslissen wat mijn toekomst zou worden. Ik had geen enkele zekerheid meer (mijn vrouw was toen ook een andere betrekking aan het zoeken, en met twee opgroeiende kinderen thuis...). Ik ontdekte plots wat het betekende "arm" te worden, "je leven te verliezen", nergens aan vast te zitten, je volledig en uitsluitend afhankelijk te voelen van de goodwill van anderen. Het klinkt absurd, maar ik ontdekte precies daarin een ongelooflijke kracht! Op dat ogenblik komen de ware, levensechte zekerheden bovendrijven. Ik heb me nooit zo zeker gevoeld als toen ik alle materiële en psycho-sociologische veiligheden vrijwillig heb losgelaten. Ik voelde me een marginaal, in de marge van het dolle levensspel. Geen verwachtingen meer, geen afgemeten prestatieplicht, geen onmogelijke targets meer, geen vorderend personeel. Pure, gratis opborrelende creativiteit. Ik had me ontworsteld aan de beklemmende wurggreep van de angst van het risico. Ik begon, als op de dagenraad van de mensheid, alle mensen aan te spreken als mensen en niet als de handige pionnen op het schaakbord van mijn futiel behoeftig bestaan. Ik had mijn ziel teruggekocht.

De hamer

Na zestien jaar rondgedobberd te hebben in het steriele vruchtwater van het leven, heb ik na mijn wedergeboorte weer kunnen aanknopen met de ongekunstelde, existentiële vitale krachten die nooit eerder zo waarachtig verwoord zijn geweest als in de aforismen van de filosoof met de hamer: Friedrich Nietzsche. Ik had zijn geschriften in mijn studententijd verorberd maar mijn mateloos ontzag voor zijn wereld- en mensbeeld was onontgonnen blijven sluimeren omdat ik nooit eerder geleefd had. Nu ik zijn slopershamer door mijn leven had gehaald, kon ik eindelijk in en onder zijn huid kruipen en beleefde ik voor het eerst zijn brutale, naakte levenswil van binnenuit.

Het is uitgerekend Albert Schweitzer (zoals Nietzsche, ook de zoon van een dominee) die aan de misschien al te rauwe en onstuimige nietzscheaanse "Wille zur Macht" een gerijpte, correcte, naar mijn ervaring heel precieze invulling heeft gegeven, nl. met zijn begrip 'levenswil' (op te vatten als een pure, geaffineerde doch zwaar doorwrochte levenslust). Zijn levensspreuk, als een schok ontdekt op de eeuwig vliedende wateren van de Ogowe-stroom, *ik ben leven dat wil leven, te midden van leven dat leven wil* klinkt me als een verre, uit de afgronden van het tijdloze universum opwellende oer-mantra in de oren.

Een vitaal driespan

In de echo van deze kosmische verklanking ontwaar ik een existentiële triade: mijn herwonnen levenswil vervoegt of ontplooit zich drievoudig als een door elkaar verweven en niet te (onder)scheiden "ik mag leven", "ik wil leven" en "ik moet leven". Dankbaarheid, vrije zelfrealisatie en verantwoordelijkheid. M.a.w. het klassieke driespan: gave, opgave en overgave. Het is pas door het diepste bewustzijn van je unieke, onherleidbare en

onvervreemdbare eigenwaarde dat je ertoe uitgenodigd wordt wat
je ervaart als "jouw" bestaan als een zuivere gave te ontvangen.
Wat heb ik van mezelf? Ben ik wel een individu, een 'identiteit'?
Uiteindelijk ervaar je jezelf als een ontdekking van een inspiratie
die anderen in jou, zoals in het sprookje, hebben wakker- "gekust".
Het beste in hen roept het beste in jou tot leven. Is dat niet de
ervaring van Ignatius als hij bidt: "Alles wat ik heb en bezit, U hebt
het mij gegeven"? Eens je je zo gedragen voelt, wordt je leven een
festijn van zuivere, haast explosieve energie, waar je in eindeloze
dankbaarheid veelvuldig vorm aan wil geven. Je schreeuwt het uit,
je barst van levenskracht. Geen sprake meer van slappe sleur, dof
gedagdroom of makke middelmatigheid. Je leeft! En je kunt het
onmogelijk voor jezelf houden. Je wordt onweerstaanbaar, op jouw
beurt, een mentor, een bemiddelaar, een bevrijder, een
wonderdoener, een genezer. Een grote verzoener van alles en
iedereen. Zoals Franciscus, die andere fenomenale inspirator van
mijn leven.

De vroedvrouw in de catacomben

Zoals Schweitzer zijn Exodus in Lambarene heeft beleefd, terug
naar het oer-woud van zijn bestaan, zo ervaar ik de verlossing na
mijn tweede geboorte als een basale roeping "terug naar de
voorgeborchten van de menselijke ziel". Het is me gegeven om, na
mijn omscholing, sinds een tiental jaren de dolgelukkige
klassenleerkracht te zijn van 16-17-jarigen. Naast een paar lessen
economie en Nederlands, mag ik acht uur per week godsdienst
onderwijzen. Vanuit de onderbuik. Ik ben het mijn leerlingen
verschuldigd hen bij te staan hun door eeuwen slavernij aangeprate
wikkels af te leggen. Slaapdronken bevroeden ze, al is het maar de
spanne van een ogenblik, de waarachtigheid van de blijde
boodschap. In dit perspectief krijgt (alweer) Ignatius' motto *plus est
en vous* een heel bijzondere draagwijdte.

Sinds een paar jaar gaan we met een 25-tal leerlingen naar de bakermat van 's werelds grootste godsdienstige stromingen: India. Ik sta nu, met de toekomstige generaties jongeren, aan het begin van een nieuwe weg naar binnen, in alle stilte, waar de inspiratie van de boeddha me ongetwijfeld in zal vergezellen. Weer een *striking coincidence* met mijn geestelijke vader, broer, tochtgenoot en vriend, Albert Schweitzer?

Het is de mooiste gunst die je iemand kunt toewensen, dagelijks getuige te zijn van zich ontluikend leven. Allen voelen ze ergens, heel ver weg, een geheime wilskracht om zich te bevrijden van de benauwende ketens van hun netjes voorgeprogrammeerde leventjes. Maar ze durven er, voor sommigen nog niet, voor anderen, helaas, niet meer in te geloven. Waar zijn de arbeiders? Waar zijn de vroedvrouwen?

Tot slot

Stilaan worden jonge mensen gewaar dat de economische wetmatigheden hun leven niet meer mogen bepalen. Ze zoeken meer. Ik heb niet de kracht gehad, die velen in zich nu wel ontdekken om, op de plaats waar ze zich bevinden, in hun beroep, in hun onderneming, achter hun computer, met hun collega's naar andere verhoudingen te zoeken, andere ethische houdingen, die hen de kans en de ruimte bieden hun hele menszijn, integer en integraal tot ontwikkeling te brengen. Er is iets aan het veranderen.

Maar waar zijn de vroedvrouwen in de catacomben van een nieuwe godsdienst? Waar zijn lot- en soortgenoten die vanuit de onderbuik bruggen kunnen slaan tussen het zgn. realisme van de economie en de persoonlijke psycho-spirituele vrijheid en creativiteit? Economie moet niet vervreemdend werken, als we er een opportuniteit in zien de verslavende wetmatigheid van de onvrijwillige armoede mee terug te dringen.

Maar vooralsnog hebben we vele Mozessen nodig, zoals

Schweitzer, die hun volk steeds weer en ondanks alles naar de woestijn, naar het oerwoud van de persoonlijke eigenwaarde roepen, wars van statusdenken, bevrijd van veilig bezit en vette vleespotten. Naar een beloofde land!

Als een pelikaan het woord neemt

Rita Ghesquiere

Bij een bezoek aan het huis van Albert Schweitzer in Gunsbach trof ik tussen de aangeboden boeken een klein pakket 'kinderboeken' aan. Een paar levensverhalen over deze beroemde man, maar ook een bescheiden boekje door hemzelf geschreven *De pelikaan vertelt.*[1] Ik had er nog nooit van gehoord en vond het op zich merkwaardig dat iemand die vooral als arts, filosoof en theoloog bekend staat de tijd genomen had om een kinderboek te schrijven. Over dat boekje wil ik het hier kort hebben. *Een pelikaan vertelt...*is een van de laatste boeken die Schweitzer geschreven heeft.[2] De eerste vraag. Is het wel een kinderboek? Er zijn twee manieren om 'kinderboek' te definiëren. Een boek geschreven door kinderen -- hier niet meteen aan de orde, OF een boek geschreven voor kinderen. Ook dat is bij *Een pelikaan vertelt...* niet echt van toepassing. Albert Schweitzer heeft dit boekje waarschijnlijk geschreven voor zichzelf, en voor de mensen uit zijn directe

---

[1] Albert Schweitzer, Een pelikaan vertelt... J.N.Voorhoeve, Den Haag, 1950
[2] In 1958 verschijnt nog Frieden oder Atomkrieg.

omgeving. De rechtstreekse aanleiding was een verzameling foto's van de pelikanen die Dr. Anna Wildikan in Lambarene maakte. Het kleine album was een verjaardagsgeschenk. Schweitzer was getroffen door de foto's en schreef er een eenvoudig verhaal bij.

Veel kinderboeken zijn inderdaad boeken waarvan men aanneemt dat ze 'geschikt' zijn voor kinderen, ook al zijn ze niet voor hen geschreven. *Robinson Crusoë* is daarvan een goed voorbeeld. En dat is ook precies wat hier aan de hand is. Dierenverhalen waren in de jaren vijftig erg populair bij opvoeders. Het genre werd dus als 'geschikt' beschouwd voor kinderen. Dikwijls gaat het om sprookjesachtige verhalen met sprekende dieren die zich als mensen gedragen. De meeste verhalen uit die tijd zijn trouwens erg moraliserend: de dieren geven de kinderen een les in goed gedrag.

De pelikaan spreekt... past dus uitstekend binnen het opvoedingspatroon van die tijd. Het verhaal is bovendien helder en eenvoudig geschreven zodat het gemakkelijk door jonge lezers begrepen kan worden.[3] Wellicht werd het ook zo gepercipieerd. Het komt in veel bibliografieën niet voor, wat perfect overeenstemt met de lage status van de kinderliteratuur in die tijd.

Maar wat maakt dit boekje nu bijzonder? Op de eerste plaats de originele aanpak. Schweitzer geeft de pelikaan zelf het woord. Hij kruipt in de huid van de vogel en laat hem kijken naar de mensen. De pelikaan - hij heeft geen naam[4] - blijft al zijn dierlijke trekken behouden maar hij heeft een zekere vorm van intelligentie. Hij kan zijn herinneringen weergeven.

---

[3] De taal klinkt nu enigszins gedateerd. Het verhaal is eenvoudig chronologisch opgebouwd. De foto's die toen wellicht heel 'modern' oogden, zijn nu minder aantrekkelijk.

[4] Schweitzer gaf de pelikanen wel een naam: Tristan, Lohengrin en Parzival. De pelikaan stelt zich wellicht niet met zijn naam voor (a) omdat hij de betekenis van een naam niet kent; (b) omdat het verhaal en de foto's misschien een compilatie vormen van de verschillende pelikanen.

Ik zie mezelf met mijn twee broers in een nest, hoog boven de rivier en bos uitstekende boom, met opengespreide snavels wachtend op het voer dat onze ouders zouden brengen

Mijn duidelijke herinneringen beginnen bij het verschrikkelijke ogenblik, toen zwarte mensen ons schreeuwend en met takken zwaaiend overvielen, onze ouders verjoegen en ons drieën met saamgebonden voeten wegdroegen.

De pelikaan kijkt nuchter en realistisch naar de omgeving en naar de mensen om hem heen. Ook van Schweitzer zelf geeft hij de lezer geen geïdealiseerd portret. De eerste woorden die de arts uitspreekt zijn: *Drie pelikanen dat ontbrak er nog maar aan*. Niet meteen een hartelijk welkom. En verder klinkt het als de twee grote vogels vertrekken: *Die zijn we gelukkig kwijt*.

We lezen verder nog dat hij de zwarte jongens een kleine vergoeding geeft, omdat hij bang is dat de vogels anders nog een slechter bestaan wacht.

De commentaar van de verpleegster en de vrouwelijke dokter klinkt al even eerlijk: *Wat zien ze er heerlijk dom uit!... En die ronde kontjes, wat snoezig*. Zij willen de vogels aaien maar dat laten de dieren niet toe. Dokter Schweitzer is uit zijn humeur omdat hij een hok moet maken voor de nieuwkomers. Later noemt hij ze *stomme dieren* omdat ze niet zelfstandig kunnen eten. Tegelijkertijd zorgt hij er voor dat ze steeds voldoende eten krijgen. De twee grote vogels zijn snel zelfredzaam, maar de kleine heeft moeite. De twee dokters volgen bezorgd de jongste pelikaan. Schweitzer blijft een hele middag aan de oever van de rivier zitten en moedigt de vogel aan om te leren opstijgen vanuit het water, wat maar moeizaam lukt.

Aan het einde vertelt de pelikaan waarom hij bij het ziekenhuis blijft en niet wegtrekt zoals zijn broers of zoals de papegaai van de dokter. Hij houdt van de drukte en hij voelt dat hij bij de dokters hoort. Bovendien is hij iemand van aanzien geworden: iedereen kent hem als de ziekenhuispelikaan of de 'pelikaan van de dokter'. Hij heeft een vast plekje op de veranda waar hij dokter Schweitzer kan gadeslaan terwijl hij schrijft.

De pelikaan observeert dus zijn omgeving met aandacht voor andere dieren en voor de mensen. Zijn kennis van de mensen beperkt zich tot wat hij ziet en wat hem aanbelangt (vooral eten). Sommige dingen kan hij niet plaatsen, bijvoorbeeld het zwarte kastje (fototoestel) waarmee dokter Anna hem achtervolgt.

Die manier van vertellen is op het moment van verschijnen echt ongewoon, zeker in de kinderliteratuur. Het gedrag van de mensen en van de andere dieren wordt niet als 'goed' of 'slecht' geduid. De lezer moet zelf oordelen. De negatieve uitspraken van Schweitzer worden gerelativeerd door zijn zorgzame houding voor de pelikaan. Gaandeweg hecht hij zich aan de vogel, zoals de vogel zich hecht aan hem. Een beetje zoals de kleine prins zorg draagt voor de vos en beseft dat iets of iemand dierbaar wordt als je er zorg voor draagt.

Het verhaal heeft een open einde. We weten niet hoe het de pelikaan verder vergaat. Het echte verhaal eindigt echter droevig[5]. De pelikaan die een vertrouwensrelatie had opgebouwd met mensen wordt door een blanke nieuwkomer doodgeschoten. Helaas beseft deze jager te laat dat hij een bijzonder dier heeft neergeschoten. Een jachttrofee om zich over te schamen. Dat in *Een pelikaan vertelt* ... dit droevig einde achterwege blijft, past binnen de kinderliteratuur van die tijd, waar men nog resoluut koos voor een 'gelukkig einde'. Pas tijdens de laatste decennia van de vorige eeuw werd dit principe stapvoets losgelaten.

Die manier van schrijven past perfect binnen de filosofie van Schweitzer die respect vraagt voor al wat leeft, en niet alleen voor

---

[5] Albert Schweitzer, Der Pelikan, in: Erich Gräber (Hrg.), Albert Schweitzer. Ehrfurcht vor den Tieren. München, 2011, p. 30

de mens die over de schepping zou mogen 'heersen'. Verhalen kunnen beter dan regels of wetten laten zien wat dat concreet betekent.

Datzelfde geloof in de kracht van verhalen ligt ook aan de basis van het Spes-project *Lees-Wijzer*.[6] De basisfilosofie van Lees-Wijzer is het geloof dat verhalen niet alleen de taalvaardigheid van kinderen en jongeren ondersteunen, maar dat ze ook emotionele en spirituele intelligentie bijbrengen. Zo heeft Schweitzer onbedoeld en verrassend de jeugd en kinderliteratuur een duwtje in de rug gegeven.

---

[6] De website www.spes-leeswijzer.be biedt een selectie van goed gekozen kinderen jeugdboeken. Je kan zoeken op basis van leeftijd, van thema of trefwoorden. Soms geven we ook suggesties om met het boek concreet aan de slag te gaan. Lees-Wijzer is steeds op zoek naar het betere boek om zowel jongeren als volwassen begeleiders te helpen in hun zoektocht naar waardevolle boeken.

De auteurs

Paul Broos

Paul Broos is prof. em. Heelkunde aan de KU Leuven. In 1984 promoveerde hij tot doctor in de Medische Wetenschappen aan de Katholieke Universiteit te Nijmegen met een proefschrift over Heupfracturen bij bejaarden. In 1987 werd hij te Leuven hoofd van de Afdeling Traumatologie en in 1992 Diensthoofd van de Heelkundige diensten van U.Z Gasthuisberg en tevens gewoon hoogleraar aan de KU Leuven. Hij doceerde jaren lang de anatomie, de chirurgie en de eerste hulp bij ongevallen en publiceerde vooral op het domein van ongevallenheelkunde. In 2001 werd hij voorzitter van de *European Society of Surgery*. Hij is nog steeds voorzitter van de Medische Commissie van het Rode Kruis Vlaanderen. Hij zet zich vandaag sterk in voor HistArUz (Historisch Archief van de Universitaire Ziekenhuizen) en geeft voordrachten en colleges over de geschiedenis van de geneeskunde. Bij Davidsfonds verscheen van zijn hand *Over Geneeskundigen en Geneeskunst* en *Meesters met het Ontleedmes*.

Geert Van Oyen

Geert Van Oyen promoveerde in 1993 aan de Faculteit Godgeleerdheid van de KU Leuven over de twee broodwonderen in het evangelie van Marcus. Na een periode werkzaam te zijn geweest als postdoctoraal onderzoeker, was hij van 2000 tot 2008 verbonden als hoogleraar Nieuwe Testament aan de Universiteit Utrecht. Daarna en tot op heden volgde een benoeming aan de Université Catholique de Louvain. Zijn interesse in het onderwijs en het onderzoek ligt vooral in het domein van de evangeliën, het boek Openbaring, de problematiek van de historische Jezus en enkele apocriefe zogenaamde "kindheidsevangeliën". In 2006 werd zijn boek De Marcuscode bekroond met de prijs voor het religieuze boek. Hij heeft ook een bijzondere belangstelling voor Albert Schweitzer en publiceerde als editor en co-auteur het boek Albert Schweitzer. Voor het leven (Damon: Budel, 2008). Geert is gehuwd en vader van twee kinderen.

Luk Bouckaert
Luk Bouckaert is sinds 2002 emeritus hoogleraar ethiek aan de Katholieke Universiteit Leuven. Hij is filosoof en economist van vorming. Zijn recent onderzoek en publicaties situeren zich vooral op het terrein van bedrijfsethiek en spiritualiteit. In 1987 startte hij het interdisciplinaire Centrum voor Economie en Ethiek te Leuven. In 2000 stichtte hij het SPES-forum dat zowel nationaal als internationaal actief is (SPES staat voor Spiritualiteit in Economie en Samenleving, zie www.spes-forum.be en www.eurospes.org). Hij is ook op vrijwillige basis actief als ethisch adviseur van UNIZO, het Vlaamse Netwerk voor kleine en middelgrote ondernemingen.

Chris Doude van Troostwijk
Chris Doude van Troostwijk is theoloog en filosoof. Na zijn studies theologie en film- en theaterwetenschappen werkte hij als programmamaker-presentator voor de Nederlandse I.K.O.N. televisie en als docent filosofie. Zijn aanstelling als wetenschappelijk onderzoeker aan de Faculteit voor Wijsbegeerte van de Universiteit van Amsterdam mondde uit in de studie Trouvaille - Anamnèse de la critique. Over de creatieve vondst bij Kant. Momenteel is hij verantwoordelijk voor het onderzoeksprogramma Theologies, Philosophies, and Ethics of Finance aan de Luxembourg School of Religion & Society, en als docent-onderzoeker verbonden aan de Theologische Protestantse

Faculteit van de Universiteit van Straatsburg. Chris woont met zijn gezin in Gunsbach (Elzas, Frankrijk), het dorp van Albert Schweitzer, en houdt zich sinds meerdere jaren bezig met de vraag naar de ethische mystiek van zijn illustere dorpsgenoot. Over dat thema publiceerde hij onder andere Leven met Albert Schweitzer (Zoetermeer, 2013). Met zijn vrouw runt hij het seminarhuis Le Promontoire in de Elzasische Vogezen (www.climont.eu).

Jacqueline van der Zee
Jacqueline van der Zee studeerde piano aan de Conservatoria van Groningen en Utrecht en vervolgens antroposofische muziektherapie in Zeist. Daar ontdekte ze haar passie voor schrijven en liedjes maken. Ze geeft muzikale lezingen in Nederland en België over markante persoonlijkheden zoals Etty Hillesum, Albert Schweitzer, Simone Weil, Charlotte Salomon, Hildegard Von Bingen en Camille Claudel (zie www.abandonia.nl). Ze heeft een eigen pianolespraktijk en is actief als klassiek pianiste en begeleidster.

Joke Bossers
Joke Bossers werkt als huisarts sedert 1986. Zij is equipe-arts van de Palliatieve Limburgse Ondersteuningsequipe (Pallion) en arts palliatief supportteam Jessa ziekenhuis campus Salvator. Heeft een bijzondere interesse voor problemen in verband met levenseinde en wilsverklaring. Is Laureaat Vlaamse Huisarts 2010.

Xavier Lefèvre
Xavier Lefèvre is leraar godsdienst, Nederlands en economie aan het Onze-Lieve-Vrouwecollege in Antwerpen. Hij studeerde Rechten in Namen en Leuven. Na een tijd gewerkt te hebben in het familiebedrijf Atramef studeerde hij godsdienstwetenschappen aan het Hoger Instituut in Antwerpen. Sinds 2005 is hij een gelukkige leraar te Antwerpen.

Rita Ghesquiere

Rita Ghesquiere studeerde Germaanse filologie aan de KU Leuven, waar ze een doctoraat schreef over Fenomenologie en Literatuurstudie. Ze is nu professor emeritus. Haar onderzoek situeert zich in drie domeinen: geschiedenis van de Europese literatuur, kinder- en jeugdliteratuur en religie en literatuur. Het verschijnsel jeugdliteratuur (1982, 2007) nu opnieuw uitgegeven als Jeugdliteratuur in perspectief (2009) is haar meest bekende boek. Daarnaast publiceerde ze een tweedelige geschiedenis van de Europese literatuur De literaire verbeelding (2007-2008) en meer recent samen met Vanessa Joosen en Helma van Lierop Een land van waan en wijs. Geschiedenis van de Nederlandse jeugdliteratuur (2014). Voor haar boek Van Nicolaas van Myra tot Sinterklaas (1989) ontving ze de prijs van de scriptores christiani. Ze coördineert de website van SPES Leeswijzer.

Over SPES-Forum

SPES werd opgericht in 2000 en formeel erkend als SPES-forum vzw in 2004. Het woord SPES betekent 'hoop' en staat voor de wil om, ondanks alle beperkingen, te werken aan een menswaardige toekomst. Tegelijk is het een acroniem voor SPiritualiteit in Economie en Samenleving. De missie van SPES bestaat erin bezieling en spiritualiteit als publiek goed voor zoveel mogelijk mensen toegankelijk te maken.

SPES-forum is sinds zijn oprichting een ontmoetingsplaats van en voor mensen die geloven dat spiritualiteit en zingeving hefbomen zijn voor zowel persoonlijke groei als maatschappelijke vernieuwing. SPES is niet gebonden aan een specifieke religie of levensbeschouwing en evenmin aan een specifieke politieke partij of gezindheid. Het is een open netwerk met respect voor verscheidenheid en actieve dialoog.

Naast ontmoetingsplaats is het SPES-forum ook een sociale beweging die spiritualiteit als publiek goed sterker in de samenleving wil verankeren. Vanuit zijn sociale missie vertaalt SPES spiritualiteit in concrete sensibiliserende, activerende en vormende projecten rond bezielend ondernemen, versobering van levensstijl, actief burgerschap en waardegedreven cultuurbeleving. SPES werkt in deze concrete projecten samen met partnerorganisaties. Zo vormen zij hefbomen voor de maatschappelijke activering en sensibilisering die SPES beoogt.

Voor meer info, zie www.spes-forum.be en www.eurospes.org.

Over Yunus Publishing

Yunus Publishing zorgt voor inspirerende web- en printprojecten. Eerdere uitgaven waren o.a. 'Adem. De essentie van meditatie en gebed.' En 'Vasten. De eenvoud van Gandhi en Jezus'. Enkele webprojecten waren o.a. halalmonk.com waarop Christelijke theoloog Jonas Slaats zijn gesprekken met invloedrijke geleerden, activisten en artiesten uit de islamitische wereld publiceerde en gandhigedachten.org, een site die geïnteresseerden toelaat om zich per nieuwsbrief of social media op een wekelijks citaat van Mahatma Gandhi te abonneren.

Op de hoogte blijven van toekomstige uitgaven
Indien u in de toekomst graag geïnformeerd wordt over de nieuwe publicaties of projecten van Yunus Publishing, wordt u vriendelijk verzocht om u in te schrijven op de nieuwsbrief van yunuspublishing.org.

Contact
Alle opmerkingen, vragen of verzoeken kan u altijd doorsturen naar mail@yunuspublishing.org.

www.spes-forum.be
www.eurospes.org

www.yunuspublishing.org